왜 유명한 거야, 이 건축?

우리학교 어린이 교양
왜 유명한 거야, 이 건축?

초판 1쇄 펴낸날	2025년 6월 11일
초판 2쇄 펴낸날	2025년 11월 24일

글	이재인
그림	신명환
펴낸이	홍지연
편집	홍소연 고영완 이태화 김지예 이수진 정유나
디자인	이정화 박태연 정든해 이설
마케팅	강점원 원숙영 김신애 김가영 김동휘
경영지원	정상희 배지수
저작권	한지훈
펴낸곳	㈜우리학교
출판등록	제313-2009-26호(2009년 1월 5일)
제조국	대한민국
주소	04029 서울시 마포구 동교로12안길 8
전화	02-6012-6094
팩스	02-6012-6092
홈페이지	www.woorischool.co.kr
이메일	woorischool@naver.com

ⓒ 이재인, 신명환, 2025
ISBN 979-11-6755-325-6 73540

- 책값은 뒤표지에 적혀 있습니다.
- 잘못된 책은 구입한 곳에서 바꾸어 드립니다.
- KC마크는 이 제품이 공통안전기준에 적합하였음을 의미합니다. 책을 입에 대거나 책 모서리에 다치지 않도록 주의해주세요.

만든 사람들

편집	염미희 조어진
디자인	골무

왜 유명한 거야, 이 건축?

이재인 글 신명환 그림

우리학교

건축물이 품고 있는 이야기에 귀 기울여 보세요

건축은 종합 예술이라고 해요. 튼튼해야 하고(구조), 사람들이 이용하기 편하고 쓸모 있어야 하며(기능), 예술 작품처럼 아름다워야 하니까요. 이 세 가지를 모두 갖추려면 얼마나 복잡하고 어려울까요? 그래서 최초의 건축 이론서를 쓴 고대 로마의 건축가 비트루비우스(Marcus Vitruvius Pollio, ?~?)는 건축가가 되려면 기술과 학문, 두 가지를 모두 갖추어야 한다고 했어요.

그렇다면 건축가들은 이 모든 걸 어디에서 배울까요? 또 언제까지 배워야 할까요? 물론 학교에서 기본적인 공부를 하지만, 그걸로 끝은 아니에요.

스위스 출신 미국 건축가 르 코르뷔지에(Le Corbusier, 1887~1965)는 대학을 졸업하고 건축 사무소에서 일하면서도 시간만 나면 여행을 다니며 세계 곳곳의 건축을 공부했다고 해요. 사실 많은 건축가들이 지금도 여행을 통해 건축을 공부하고 있답니다. 이제부터 우리도 건축을 배우는 여행을 떠날 거예요.

여행이 공부라니, 벌써 머리가 아프다고요? 걱정 마세요! 건축이 들려주는 재미있는 이야기를 들으러 다니는 여행이니까요.

건축물은 대개 콘크리트나 나무로 만들어져 겉보기엔 딱딱하지요. 하지만 그 속은 아주 부드럽답니다. 게다가 건축물은 좀 부끄럼쟁이라 낯을 가려요. 마구 떠벌리지 않지요. 우리가 먼저 다가가서 관심을 가져 주면 그제야 조심스레 이야기를 들려줘요.

처음엔 무슨 말인지 잘 안 들릴 수도 있어요. 빼딱빼딱, 빼죽빼죽, 불룩불룩, 미끈미끈, 도돌도돌, 구깃구깃……. 하지만 조금만 귀 기울이면 나무와 돌, 철근과 유리가 건축가의 삶과 철학, 역사, 자연, 과학이 담긴 오래된 이야기를 들려주기 시작해요.

우리가 누군가를 이해하고 싶을 때 그 사람의 말을 먼저 잘 들어야 하듯이, 건축을 이해하는 첫걸음도 건축의 이야기에 귀 기울이는 것에서 시작된답니다. 건축물들은 지금도 제자리에서, 누군가 자신의 이야기를 들어주길 기다리고 있어요. 이 책에는 그런 이야기를 담았습니다.

초등학생인 주형이가 건축가 엄마와 함께 세계의 유명한 건축물을 탐방할 거예요. 건축물이 간직한 흥미로운 이야기를 찾는 여정에 여러분도 함께해 보세요.

용인에서, 건축 이야기꾼
이재인

차례

건축물이 품고 있는 이야기에 귀 기울여 보세요 __6

1. 우리의 소원은 화합 월트 디즈니 콘서트홀 __10
물고기를 좋아했던 건축가, 프랭크 게리 __22

2. 세탁기를 닮은 미술관 구겐하임 미술관 __24
박물관과 미술관의 기원 __42

3. 건축에 담은 새로운 생각 퐁피두 센터 __44
소화 기관을 닮은 보웰리즘 건축 __54

4. 중세 도시에 있는 외계인 건물 쿤스트하우스 그라츠 __56
아키그램 건축가들의 재미있는 상상력 __66

5. 144년 동안 지은 성당 성 가족 대성당 __68
유명한 건축가의 쓸쓸한 죽음 __80

6. 로마 최고의 인기 경기장 콜로세움 _82

콜로세움의 세 가지 기둥 양식 _98

7. 북적북적 신들이 모여 사는 집 판테온 _100

위대한 로마 12신 _114

8. 반짝이는 콘크리트 조개껍데기 시드니 국립 오페라 하우스 _116

자연에서 배우는 건축, 생체 모방 _130

9. 자연과 우주의 섭리를 품은 건축 경회루 _132

경회루에는 어처구니가 있다! _142

10. 왕실의 조상을 모시는 집 종묘 _144

성과 곽, 궁과 궐 _158

ARCHITECTURE

건축 001

위치 : 미국 로스앤젤레스
설계 : 프랭크 게리(Frank Gehry)
완공 : 2003년

우리의 소원은 화합
월트 디즈니 콘서트홀

"엄마, 우리 미국에 온 거 맞죠?"
"그래, 여긴 미국 서부의 로스앤젤레스(LA)야. 왜?"
"미국 사람들은 영어만 쓰는 줄 알았는데, 여러 나라 말이 들려요. 그리고 도시 풍경이 마치…… 조각 이불 같아요."
"조각 이불?"
"방금 중국 같은 거리를 지났는데, 지금은 또 다른 나라 같고…… 암튼 건물 모양이나 풍경이 계속 바뀌어요."

미국은 여러 나라 사람들이 이민을 와서 이룬 국가야. 특히 LA에는 정말 다양한 나라의 사람들이 모여 살지. 거리를 지나다닐 때 이 정표를 잘 보면 어느 나라 사람들이 모여 사는지 알 수 있어. 이곳에서 최소 224개의 언어가 사용되고 있다니, 놀랍지?

요즘엔 외국에서 온 친구가 한 반에 한 명쯤은 있지? 그런데 만약 한 반에 모인 모든 아이들이 각각 다른 나라에서 왔다면 어떨까? 친해지는 데 시간도 많이 걸리고, 뜻을 모으기도 쉽지 않을 거야. 여러 나라 사람들이 섞여 사는 이곳 LA도 크고 작은 다툼이 잦은 곳이었어. 그러다가 1992년에 아주 큰 폭동이 일어났단다. 인종 차별에 반대하는 흑인들의 집단적인 무장 시위였지. 그리고 마침 그해에, 아주 유명한 건축물의 공사가 시작되었는데, 바로 지금 우리가 보러 갈 월트 디즈니 콘서트홀이야.

LA에서 볼 수 있는 여러 나라 마을 이름 표지판

지휘자의 손놀림을 닮은 건물

월트 디즈니 콘서트홀의 전경을 보고 싶다면 건물 바로 앞보다는 조금 멀리 떨어진 곳이 좋아. 콘서트홀 건너편의 공영 주차장 맨 꼭대기 층에서 바라보면 딱 좋지. 거기서는 은색으로 빛나는 건축물의 외관을 한눈에 볼 수 있어. 그런데 월트 디즈니 콘서트홀을 멀리서 바라보면 여러 개의 돛을 매달고 바다를 항해하는 큰 배가 떠올라. 어때? 올록볼록하면서도 날렵한 모습이 커다란 돛 같지 않아?

프랭크 게리가 건물을 구상할 당시의 스케치

    이 건축물은 건축가 프랭크 게리(Frank Gehry, 1929~)가 디자인했단다. 그런데 프랭크 게리는 오케스트라의 지휘자 모습을 보고 영감을 받아서 건물의 초기 스케치를 그렸다고 해. 지휘자의 손이 움직이는 모습을 상상해 봐. 건물의 인상과 비슷하지?

    또 월트 디즈니 콘서트홀의 겉모습은 다양한 모양의 조각들이 모여 잘 어우러진 모습이야. 건축가는 다양한 나라와 문화권에서 이주해 온 사람들이 함께 화합하며 살아가는 모습을 건축물에 담고 싶었던 거지. 다양한 소리를 내는 악기들이 지휘자의 손놀림 아래 아름다운 음악을 만들어 내는 것처럼 말이야.

건축에 비행기 설계 기술을?

자, 이제 콘서트홀 안으로 들어가 보자. 우리가 많이 보던 평범한 건물과 달리, 기둥이 기울어져 있는가 하면 벽들도 매끈하지 않고 구불구불해. 왜 이렇게 만든 걸까? 그건 이곳이 공연장이기 때문이야. 건축가가 음악의 리듬과 운율을 표현하고 싶었던 거지. 또 LA에 사는 다양한 사람들의 움직임을 역동적으로 표현하고 싶었다고 해.

보통 건축가들이 건축물 외부만 디자인한다고 생각하는데, 그건

콘서트홀 내부의 기울어진 기둥

월트 디즈니 콘서트홀 외부 모습

아니야. 가장 중요한 건 사람들이 편리하고 용도에 맞게 건물을 사용하는 것이지. 그래서 건축가들은 사람들이 이용하는 내부 공간을 더 중요하게 생각한단다.

그런데 이렇게 구불구불한 건물을 어떻게 설계했을까? 프랭크 게리는 이 건물을 설계할 때 보통 건축가들이 사용하는 컴퓨터 프로그램을 쓰지 않고 자신의 디자인을 표현하기에 적합한 프로그램을 찾았어. 그러다가 전투기를 디자인할 때 쓰는 프로그램(CATIA, Computer-Aided Three-Dimensional Interactive Application)을 발견했지. 유선형의 비행기를 디자인하는 방법을 건축 설계에 적용한 거야. 이렇게 남다른 생각과 방법으로 독특한 건축 디자인을 탄생시킬 수 있었어.

포도밭 위의 뒤집힌 배

 앗! 이제 공연이 시작할 시간이야. 공연장 안으로 들어가 볼까?
 공연장 안은 마치 거대한 배 같아. 천장도 배의 밑바닥 같지 않니? 프랭크 게리는 평소에 배 타는 것을 좋아했다는데, 그래서 이곳도 배처럼 만들고 싶었나 봐. 콘서트홀 바깥도 돛단배처럼 보였잖아.
 이 공연장이 다른 곳과 다른 점은 무대 뒤에도 객석이 있다는 거

뒤집어진 배를 연상시키는 콘서트홀 내부

마치 물결치듯이 곡선으로 구역이 나뉜 포도밭

야. 학교 교실처럼 무대가 한쪽에 있고 모든 관객이 맞은편에서 무대를 바라보는 것이 가장 일반적인 모습이지만, 사실 공연장은 어떤 공연을 하느냐에 따라 다양한 모습으로 디자인한단다. 예를 들어 패션쇼를 하는 곳이라면, 무대를 사이에 두고 관람객이 마주 보도록 꾸며. 또 야외에서 하는 마당놀이 공연은 보통 반원형으로 만들어 관객들이 세 방향에서 무대를 볼 수 있게 하지.

월트 디즈니 콘서트홀은 무대를 가운데 두고 사방을 에워싸듯 객석을 배치했어. 이것을 '빈야드 스타일'이라고 하는데, 우리말로 '포도밭 형식'이라는 뜻이야. 객석이 무대를 둘러싼 모습이 곡선으로 이루어진 포도밭을 연상시키기 때문이야. 그러니까 이 공연장은 포도밭 위에 거꾸로 뒤집힌 배가 놓인 모양이지.

아름다운 소리의 비밀

멋진 공연이 이제 막 끝났어. 와! 아름다운 음악 소리가 준 감동이 쉽게 가라앉지 않네. 이곳에서 듣는 음악 소리는 집이나 차 안에서 듣던 소리와는 완전히 다른 것 같아. 귀에만 들리는 것이 아니라 심장까지 전달되는 느낌이랄까! 물론 연주자들의 실력도 뛰어나겠지만, 이 공연장에 음악 소리를 잘 전달하는 장치라도 있는 게 아닐까?

맞아! 공연장의 벽과 천장을 살펴보면 그 비밀을 알 수 있어. 이 공

연장의 천장과 벽은 소리를 반사하거나 흡수할 수 있도록 설계되었단다. 소리가 고루 퍼져 공연장 안의 모든 사람들이 잘 들을 수 있도록 한 거지. 천장을 보면 불룩하게 튀어나온 소리 반사판이 있는데, 그 덕분에 소리가 뒤쪽까지 퍼져나갈 수 있는 거야. 공연장 천장은 이런 식으로 불룩불룩 튀어나오게 만든 곳이 많아. 우리나라 세종문화회관 대극장의 천장도 비슷한 모양이지.

월트 디즈니 콘서트홀의 내부 음향 설계는 일본인이 맡았어. 건축가 프랭크 게리는 캐나다에서 태어난 유대인이었고, 월트 디즈니 부부만 해도 같은 미국인이지만 각각 시카고와 아이다호로 서로 다른 지역 출신이었지. 이렇게 다양한 나라와 문화의 사람들이 참여해 뜻 깊은 건축물이 탄생할 수 있었어. 한때 LA 사람들은 자신들을 하나로 묶을 공통된 전통이 없다고 한탄하기도 했지만, 작은 조각들을 모으고 이어서 독특한 문화를 만들어 내고 있어. 월트 디즈니 콘서트홀은 그런 생각이 잘 담겨 있는 건축물이지.

밤에도 반짝이는 금속 건물

공연이 끝나고 밖으로 나오니 어느덧 해가 져서 어둑어둑하네! 콘서트홀은 내부 조명과 함께 환하게 밝혀져 있어. 어두울 때 보니까 낮에 보던 것과는 또 다른 멋이 느껴지는 건물이야.

멋진 야경을 보여 주는 월트 디즈니 콘서트홀

프랭크 게리는 원래 이 건물의 외부를 돌로 만들고 싶었대. 돌로 지은 건물에 조명을 설치해서 웅장하고 화려하게 빛나는 모습을 표현하고 싶었나 봐. 그런데 비용 문제로 그 계획은 실현할 수 없었어. 외부 재료는 스테인리스스틸로 변경되었단다. 비록 건축가의 처음 생각과는 다르지만, 조명을 받아 반짝이는 지금 모습도 독특한 멋이 있어. 전투기를 만드는 프로그램으로 디자인했다고 하니까 더욱 어울리는 것 같고 말이야.

> 건축가 열전

물고기를 좋아했던 건축가, 프랭크 게리

프랭크 게리는 어린 시절에 낚시를 즐겨 했고, 물고기의 형태를 좋아했습니다. 건축 공부를 시작하면서부터 늘 물고기 모양의 건물을 설계하고 싶었는데, 그건 매우 어려운 일이었어요. 하지만 그 뜻을 굽히지 않고 계속 연구했어요.

프랭크 게리는 처음에는 사람이 들어가서 사용하는 건물이 아닌, 외부에서 형태를 즐기는 조형물을 디자인했어요.

일본에 지어진 〈댄싱 피시〉

스페인 바르셀로나의 〈올림픽 피시〉

그다음에는 사람들이 사용할 수 있는 건축물로 설계할 아이디어를 모았어요. 그런데, 물고기의 머리와 꼬리 모양에 공간을 계획하기 어려웠어요. 그래서 그는 생각했습니다.

'머리와 꼬리를 떼어 내면 되지 뭐.'

물고기 모양 건축에 대한 연구는 계속되었습니다. 어느 날 프랭크 게리에게 좋은 생각이 떠올랐습니다.

'그렇지. 반드시 물고기 모양과 똑같을 필요는 없어. 물고기 모양의 곡선을 건축에 이용해 볼까?'

그 뒤로 물고기의 아름다운 유선형을 적용한 프랭크 게리의 아름다운 건축물이 전 세계 곳곳에 등장했답니다. 이렇게 프랭크 게리는 자신이 하고 싶은 일을 끝까지 포기하지 않고 노력하면서 잘못된 부분을 끈기 있게 고쳐 나간 건축가였습니다.

독일 베를린의 DZ은행 건물

ARCHITECTURE

건축 002

위치 : 미국 뉴욕
설계 : 프랭크 로이드 라이트 (Frank Lloyd Wright)
완공 : 1959년

2

세탁기를 닮은 미술관
구겐하임 미술관

"엄마, 이 건물 진짜 이상하게 생겼어요!"
"그렇지? 이 독특한 나선형 모양 때문에 사람들한테 더 기억에 남는 건축물이 됐지."
"근데 미술관이면 그림을 걸어야 하잖아요. 벽이 전부 둥근데, 어떻게 그림을 걸어요?"
"좋은 질문이네! 이 미술관은 아주 새로운 방식으로 작품을 전시했어. 관람하는 방식도 독특하고."
"와, 궁금해요. 얼른 들어가 봐요!"

구겐하임 미술관은 독특한 외관 때문에 '찻잔', '세탁기' 같은 익살스러운 별명으로도 불린단다. 이 미술관은 유대인 재벌이자 알래스카의 금광 소유주인 솔로몬 R. 구겐하임(Solomon R. Guggenheim, 1861~1949)이 개인적으로 수집한 현대 미술품을 보관하고 전시하기 위해 지은 거야. 1929년부터 수집한 미술품들이 점점 늘어나자 구겐하임은 플라자 호텔의 스위트룸을 여러 개 빌려 미술품을 보관했고, 종종 예약을 받아 대중에게 공개하기도 했어. 호텔에 보관하지 못한 일부 작품은 롱아일랜드에 있는 별장에 두었지. 하지만 구겐하임의 작품 수집은 계속되었고 호텔이나 별장에 작품을 보관하는 데 한계가 있었어.

솔로몬 R. 구겐하임과 그의 딸 바버라 조세핀 구겐하임

미술품이 떠돌아다니지 않으려면

 1939년 구겐하임은 미술품 수집을 도와주던 독일 화가 힐라 폰 리베이(Baroness Hilla von Rebay, 1890~1967)와 함께 솔로몬 R. 구겐하임 재단을 창립하고, 뉴욕시의 허가를 받아 건물을 임대하여 '비구상 회화 미술관'을 열었어. 구겐하임 미술관의 시작이었지. '비구상 회화 미술관'이란 이름은 큐레이터이자 초대 관장이었던 리베이가 구겐하임이 관심을 가지고 수집하던 미술품의 성격을 반영하여 지은 거야.

 비구상이란 어떤 대상의 본질을 추상적으로 표현하는 예술이야. 당시에는 이런 작품에 관한 이해가 부족했던 터라, 리베이는 우선 구겐하임의 수집품들을 세상에 알려야겠다고 생각했어. 그래서 먼저 전시관을 빌려 작은 전시회를 몇 차례 열었지. 그렇게 작품에 대한 관심을 불러 모은 다음 본격적으로 미술관 건축을 추진했어.

 "솔로몬, 이제 정말 미술관을 지어야겠어요. 때가 되었습니다."

 "리베이 관장, 나도 그렇게 생각합니다. 내가 수집한 작품들이 이리저리 떠돌아다니며 전시를 하는 것이 못내 아쉬웠어요."

 "문제는 건축인데요, 어떤 건축가에게 의뢰해야 좋을지…….."

 "프랭크 로이드 라이트(Frank Lloyd Wright, 1867~1959) 씨가 어떨까요?"

"그분은 작고하신 줄 알았습니다. 살아 계시다면 연세가 지긋하실 텐데요."

"지금도 건재하시답니다. 내 아내가 그분을 잘 알지요."

"그럼 제가 편지를 보내겠습니다."

기념비적인 영혼의 전당을 지어 주세요

1943년, 건축가 프랭크 로이드 라이트는 구겐하임 미술관을 설계해 달라는 제안을 받았어.

"친애하는 프랭크 로이드 라이트 선생님께. 솔로몬 R. 구겐하임 재단은 오랫동안 수집해 온 현대 예술 작품을 전시할 미술관 건축을 계획하고 있습니다. 우리가 소장하고 있는 걸작품들은 그 가치에 걸맞는 '기념비적인 영혼의 전당'에 전시되어야 할 것입니다. 그 공간은 현대 미술을 관람하는 새로운 방식이 되어야 할 것이며, 이러한 꿈과 소망을 실현해 주실 분은 오직 선생님뿐입니다."

프랭크 로이드 라이트

라이트는 흔쾌히 받아들였고, 1944년 재단에 설계안을 보냈어. 지구라트(신과 지상을 연결하기 위해 지은 고대의 성탑 유적)를 거꾸로 뒤집은 형태와 그 주위를 상승하듯 휘감는 경사로는 시선을 끌기에 충분했어. 건물 외관도 특이한데, 그가 제안한 미술관 이름 '아키지움'까지 큰 논란이 되었지. '아키지움(Archeseum)'은 건축(architecture)과 미술관(museum)의 합성어로 '건축 미술관'을 의미해. 건축물 자체도 하나의 예술품이라는 거지. 하지만 구겐하임 재단의 반대로 그 명칭은 받아들여지지 않았단다.

하지만 문제는 따로 있었어. 제2차 세계대전으로 물자 공급이 원활하지 않았고, 전쟁이 끝나자 이번에는 물가가 폭등하여 건축에 큰 차질이 생긴 거야. 건축 완공 시점을 예측할 수 없는 상황이 되어 버렸지. 리베이의 제안에 따라 라이트는 지하층을 수정하여 콘서트를 열 수 있는 계단식 극장으로 설계했어. 그사이에도 구겐하임은 지속적으로 작품을 수집했기 때문에, 처음 설계안으로는 작품을 모두 전시할 수 없었지. 재단은 주변 토지를 더 사들이고 라이트에게 설계 수정을 요청했어.

"라이트 선생님, 내가 이번에 730점의 작품을 또 구입했어요. 미술관을 좀 더 키워서 설계를 다시 해야겠어요. 물론 땅도 사 두었습니다."

"생전에 미술관을 보시려면 건축 규모를 축소해야 합니다."

"그건 안 됩니다. 나는 신경 쓰지 말고 진행해 주세요."

구겐하임의 건강이 나빠지고 있었기 때문에 라이트는 하루라도 빨리 미술관이 완공될 수 있도록 건물의 크기를 축소하자고 제안했어. 하지만 구겐하임은 거부했지. 게다가 1949년 구겐하임이 사망한 뒤 구겐하임의 가족들은 리베이 관장과 갈등을 빚었고, 결국 1952년 3월 리베이는 미술관 관장직을 사임했어.

끊임없는 갈등 끝에 탄생한 미술관

　1953년 뉴욕시 건축물 관리과는 미술관 설계가 건축 법규에 어긋난다는 이유로 건축 허가를 거부했어. 그에 따라 1954년과 1956년에 각각 수정된 도면을 제출해야 했어. 가까스로 건축 허가가 떨어지자 이번에는 새로운 관장 스위니(James Johnson Sweeney, 1900~1986)가 설계 변경을 요구했어.

　"라이트 선생님, 미술관의 수장고(작품을 보관하는 창고)와 사무실이 부족하니 늘려 주세요. 그리고 건축물의 색도 바꾸어야겠습니다. 경사로에서 전시는 불가능하니 평평하게 펴 주세요. 또 채광창은 작품을 손상시킬 수 있으니 없애야 합니다."

　"공간 부족의 문제는 해결해야지요. 그러나 저의 건축은……."

　"건축물보다 예술 작품들이 우선입니다!"

　스위니와 라이트는 오랜 기간 논쟁을 벌였으나 둘 다 한 치의 양보가 없었지. 조카 해리 구겐하임은 서로 소통하지 않는 둘 사이를 중재하며 건축을 진행시켜야 했어. 또 미술관의 벽들이 그림을 전시하기에 너무 작다고 불만을 토로하는 어떤 작가에게 라이트는 "그림 그림을 반으로 자르세요!"라고 대꾸했다고 하니, 건축가의 고집도 만만치 않았지.

　미술관 건축 계획을 시작하여 완성하기까지는 15년이 걸렸어. 공사는 1956년에 시작하여 1959년에 완공되었지. 700개 이상의 스케치, 6세트의 설계 도면을 그려야 했던 라이트는 미술관 완성 6개월 전인 1959년 4월에 사망했단다.

'아무래도 내가 죽으면 스위니가 마음대로 디자인을 바꿀지도 몰라. 언론에 도면을 공개해 놓아야겠어.'

라이트는 생을 마감하는 순간까지도 자신의 마지막 작품이 훼손될 것을 우려하여 여러 건축 잡지에 미술관의 디자인 설계안을 게재했다고 해.

구겐하임 미술관 디자인은 라이트의 뜻대로 지켜졌어. 벽은 흰색으로 칠해졌지. 흰색 벽은 살짝 긁혀도 금방 티가 나서, 거의 날마다 긁힌 부분을 찾아 페인트칠 보수를 하고 있단다. 또 벽에 그림을 거는 일반적인 방법 대신 공간의 특이한 기하학적 구조를 보완하는 방법이 필요했어. 기울어진 벽이나 바닥에 그림을 설치할 수 있는 특정 각도의 받침대나 걸개를 제작해야 했지.

기울어진 벽과 바닥이 불편한 착시를 일으켜 전시 관람에 불편함이 있을 거라는 우려와 달리, 전시는 성공적으로 이루어졌어. 설치가 불가능해 보였던 칼더(Alexander Calder, 1898~1947)의 모빌 작품도 중앙 홀에 안정적으로 설치되었지.

알렉산더 칼더, 〈Red Lily Pads〉, 1956년, 판금과 금속 막대, 구겐하임 미술관

2019년 7월, '프랭크 로이드 라이트의 20세기 건축'이라는 이름으로 세계 문화유산에 등재된 라이트의 8개 건물 중 하나인 구겐하임 미술관에는 두 가지 커다란 의미가 있어. 하나는 모더니즘 건축의 상징이었던 네모진 건물을 탈피하면서 이후 건축 양식의 변화를 이끌었다는 점이야. 또 하나는 개인 소장품을 위한 전시장 건축에 대한 공감대를 끌어낸 덕분에 개인 미술관의 가능성을 열어 주었다는 점이지. 비평가들은 구겐하임 미술관 이후의 모든 개인 미술관들을 '구겐하임 키즈'라고 부르기도 해.

건축, 자연을 담다

"자연을 연구하고, 자연을 사랑하고, 자연과 가까이 지내십시오. 실패하지 않을 것입니다."

라이트는 이런 말을 남겼다고 해. 라이트는 건축이 환경과 조화를 이루는 '유기적 건축'이어야 한다는 점과 건축물의 내부 공간은 모든 사람이 접근할 수 있도록 민주적이어야 한다는 믿음을 가지고 있었고, 이러한 신념은 그의 작품에 '프레리 스타일'로 나타났어. '대초원 양식'이라는 뜻이야.

라이트는 생전에 1,141개의 건축물을 설계했는데, 대부분이 주택이었어. 그래서 '프레리 스타일'은 '프레리 하우스'라고도 부르지. 보통 건축 양식은 유럽에서 시작되어 퍼져 나가는데, 특이하게도 프레리 스타일은 최초의 미국식 건축 양식으로, 미국 중서부 주택에서 크게 유행했단다.

프레리 스타일은 자연 경관을 거스르지 않도록 수직선보다는 수평선을 강조하는 것이 특징이야. 또 다른 특징으로 자연을 모티프로 한 장식, 개방감 있는 내부 공간, 기능이 강조된 형태, 자연 채광을 위한 큰 창을 들 수 있지.

라이트는 수평선을 강조하기 위해 외부 형태의 비례를 맞췄을 뿐 아니라, 눈에 띄는 모든 수직 요소를 철저하게 감추었어. 당시 생산되던 벽돌 크기가 자신이 생각했던 수평성을 표현하기에 적합하지 않았기 때문에 두께가 얇은 벽돌을 별도로 주문 제작하여 사용했고, 벽돌 쌓기용 모르타르(벽돌을 붙이는 재료) 사용에도 신경을 썼어. 수

낮은 지붕의 프레리 스타일로 지은 미국 시카고의 로비 하우스

민줄눈(왼쪽)과 오목줄눈(오른쪽)

직용은 비교적 얇게, 벽돌과 유사한 색을 사용하고 민줄눈을 사용하여 두드러지지 않게 했지. 수평용은 눈에 띄는 흰색을 사용하고 상대적으로 두껍게, 그리고 오목줄눈으로 시공하여 수평성이 강조되게 했어. 게다가 지붕의 빗물을 지표면으로 흘려보내는 수직 홈통까지 벽체 안에 숨겨 안 보이게 했으니, 정말 철저하지?

이렇게 고집스럽게 원칙을 지키던 건축가가 76세에 처음으로 설계하는 미술관이자, 마지막 설계가 될지도 모를 작품에 '프레리 스타일'을 사용하지 않을 이유가 없겠지? 실제로 구겐하임 미술관은 그의 마지막 작품이 되었지.

대도시 한가운데에 세워진 자연의 미술관

라이트가 주로 건축했던 장소는 시골이나 도시 외곽이었기 때문에 자연과 조화를 이루는 '유기적 건축'이 비교적 쉬웠어. 그러나 구겐하임 미술관을 세울 땅은 대도시의 도로 옆이었고, 공간은 넓지 않았

외부에 조경할 수 있도록 디자인한 부분

지. 라이트는 건물 외부에 조경 공간을 마련하여 도로와 건축물을 분리시키고, 지표면에서 보면 마치 땅에서 식물이 자라 그 위에 건축된 것같이 보이게 했어. 유기적 건축을 포기하지 않은 거지.

그런데 구겐하임 미술관은 시골 주택처럼 높이를 낮게 하여 수평성을 표현할 수는 없었어. 그래서 라이트는 착시 효과를 이용하기로 했지. 미술관의 외부와 내부를 흰색의 원형 경사로가 에워싸고 있는 게 보이지? 이런 띠 모양이 건물의 수직적인 모습을 조각조각 쪼개면서 수평성을 강조해 준단다.

또 프레리 스타일에서는 내부 공간의 개방성도 중요해. 계단 대신 건물을 둘러싸는 원형 경사로를 사용하여 내부 공간을 효과적으로 비워 낼 수 있었지. 게다가 꼭대기 층의 거대한 둥근 천장은 내부 공간의 개방성을 더욱 돋보이게 해. 중앙 홀의 확 트인 개방감은 구겐하임 미술관의 중요한 건축 요소라고 할 수 있어.

원형 경사로로 둘러싸인 미술관 외부와 내부 모습

계단 대신 설치된 18도 각도의 경사로에는 민주적인 공간을 만들고자 했던 뜻도 담겨 있어. '배리어 프리'라는 말 혹시 알아? 사회적 약자들의 접근을 막는 장벽을 없앤다는 뜻이야. 휠체어를 사용하는 사람들도 불편함 없이 미술관을 이용할 수 있어야 한다는 게 라이트의 생각이었거든. 이렇게 경사로는 프레리 스타일을 완성시켜 주면서, 한편으로는 전시 공간의 역할도 하고 있단다.

빙빙 돌면서 관람하는 작품

전시 공간을 설계할 때 건축가들이 중요하게 생각하는 두 가지가 있어. 하나는 원활하고 합리적인 동선, 그러니까 작품을 보면서 지나

온 길은 불가피한 경우가 아니면 반복해서 지나가지 않도록 계획을 하는 거지. 두 번째는 작품을 감상하기에 알맞은 자연 채광이야.

구겐하임 미술관은 3차원 순회 형식의 관람 동선으로 계획되었어. 관람객들이 미술관에 들어오면 우선 엘리베이터를 이용하여 맨 위층으로 올라간 다음 경사로를 이용하여 아래로 내려오면서 작품을 감상하고 출구로 나가는 동선이었지. 구겐하임 미술관 경사로의 총

자연 채광을 활용하도록 설계한 지하층

길이는 약 431.5미터로, 만약 미술관을 올라가며 감상한다면 29미터 높이의 산을 등산하는 느낌이 들었을 거야.

미술관은 대개 벽에 창을 설치하지 않아. 그림을 걸어야 할 벽에 창문이 있으면 곤란하니까. 또 벽에 눈높이로 설치된 창은 빛이 직접 들어오기 때문에 예술품 감상에 방해가 되고, 직사광선이 작품을 손상시킬 수 있지. 그래서 미술관이나 전시장에서는 반사광을 이용할 수 있는 천창(지붕에 낸 창)을 많이 사용해. 물론 천창도 빛을 부드럽게 거르기 위한 여러 가지 장치를 하지.

그런데 구겐하임 미술관처럼 여러 층으로 이루어진 건축물은 맨

중앙 홀 천창으로 자연 채광을 이용하는 모습

위층만 천창의 채광을 이용할 수 있어. 그래서 라이트는 벽을 기울이고 그 틈 사이로 들어오는 채광을 활용한 거야. 스위니 관장과 논쟁을 벌이며 기울어진 벽을 포기하지 않은 이유가 여기에 있었지.
  미술관에 갈 때는 건축가가 어떤 자연 채광 효과를 계획했는지 찾아보는 것도 재미있단다. 건축가마다 특색 있고 아름다운 자연 채광을 공간 특성에 맞게 계획하거든.

알쓸 상식

박물관과 미술관의 기원

　박물관은 오랜 역사를 가지고 있습니다. 기원전 4세기 알렉산드로스 대왕이 죽은 뒤, 그의 대제국은 셋으로 나뉘었습니다. 그 가운데 프톨레마이오스 왕국이 가장 번영하여 그 중심 도시인 알렉산드리아가 아테네에 이어 정치·경제의 중심지가 되었습니다. 왕국 안에는 '무세이온(museion)'이라는 국립 연구소가 세워졌는데, 그 안에는 학자들을 위한 숙소와 천문대·해부실·동물원·식물원·도서관 등의 시설도 갖추어져 있었다고 합니다. 뮤지엄(museum), 즉 박물관이라는 말은 이 '무세이온'에서 왔습니다.

　그러나 오늘날과 같이 전시물을 체계적으로 전시하고 관람하는 박물관은 '분더카머(wunderkammer)'에서 유래합니다. 분더카머란 '호기심의 방', '진귀한 물건으로 가득한 방'을 뜻하며, 16세기 유럽의 귀족과 학자들이 온갖 진귀한 물건들을 수집하여 진열한 실내 공간, 즉 잡동사니로 가득한 방을 가리킵니다. 18세기부터 분더카머의 전시물은 잡동사니에서 예술 작품으로 바뀌었습니다.

　오늘날처럼 일반인들이 박물관이나 미술관을 관람한 것은 19세기부터입니다. 프랑스

17세기 덴마크 의사이자 교수였던 올레 웜의 분더카머를 묘사한 그림

혁명이 일어나고 루브르궁이 개방된 뒤부터 귀족뿐 아니라 일반 시민들도 문화재와 예술 작품을 즐겨야 한다는 생각이 널리 퍼졌지요. 또 문화재가 교육·감상·조사·연구 등에 활용되기 시작했습니다.

현대에는 박물관과 미술관을 구분하여 부릅니다. 구분하는 방법은 나라마다 조금씩 다른데, 우리나라에서는 전시하는 대상에 따라 구분합니다. 미술관보다는 박물관이 넓은 범위의 전시 공간이라고 법률로 규정되어 있습니다. 다른 구분법도 있어요. 개인적인 전시 공간에서 판매하기 위한 예술품을 전시한다면 미술관, 이익을 추구하지 않는 공공의 장소에서 감상을 위한 예술품을 전시한다면 박물관이라고 합니다.

작품을 빼곡히 전시한 네덜란드 흐로닝어 미술관

현대의 미술관은 전시 기획자(큐레이터)가 작품의 여러 가지 특성에 따라 체계적으로 전시합니다. 대형 전시실에 서너 개의 작품만 전시하는가 하면, 어떤 전시실에는 작품을 빼곡히 모아 전시하기도 합니다.

넓은 공간에 적은 수의 작품을 전시한
오스트리아 쿤스트하우스 브레겐츠

ARCHITECTURE

건축 003

위치 : 프랑스 파리
설계 : 리처드 로저스(Richard Rogers), 수 로저스(Susan Jane Rogers),
       렌조 피아노(Renzo Piano)
완공 : 1977년

3
건축에 담은 새로운 생각
퐁피두 센터

"이 건물 이름이 퐁피두예요? 무슨 뜻이죠?"
"퐁피두는 프랑스 대통령 이름이야. 조르주 퐁피두 대통령이 이 미술관을 만들자고 했거든."
"대통령이 미술을 좋아했나 봐요?"
"그것보다 파리의 옛 명성을 되찾고 싶은 꿈이 있었지. 전 세계 문화의 중심이 파리에서 미국의 뉴욕으로 옮겨 가고 있던 시절이었거든."

프랑스의 퐁피두(Georges Pompidou, 1911~1974) 대통령은 전 세계 문화, 예술의 중심지가 파리에서 미국의 뉴욕으로 옮겨 간 것이 못마땅했어. 파리가 예전의 명성을 되찾으려면 사무실만큼 미술관이 많아져야 한다고 생각했지. 마침 국립도서관도 너무 낡고 비좁다는 의견이 많아서, 미술관과 도서관 기능을 함께 할 커다란 규모의 건축물을 짓고 싶었어.

그때 파리 중심부의 보부르 지역이 추천되었어. 당시 보부르는 빈민가가 모여 있는 낡고 허름한 지역이었어. 정부는 이 기회에 그곳을 새롭게 정비하고 싶었지. 곧 낡은 집들을 모두 철거하고 공공 도서관과 현대 미술관, 음악 및 음향 연구센터 등이 복합적으로 결합한 문화 시설을 짓기 시작했어. 퐁피두 센터는 이렇게 역사적인 상황과 지역적인 상황이 맞물려 건축된 복합 문화 시설이란다.

공간에 자유를! 하이테크 건축

퐁피두 센터는 국제 공모를 통해 선정된 영국 건축가 리처드 로저스(Richard Rogers, 1933~2021)와 그의 동업자 수 로저스(Susan Jane Rogers,1939~), 그리고 이탈리아 건축가 렌조 피아노(Renzo Piano, 1937~)가 1971년부터 7년에 걸쳐 지었어. '하이테크 건축'을 내세우며 사람들의 이목을 집중시켰지.

1970년대에 등장한 하이테크 건축은 첨단 산업과 기술의 요소를 건축에 적용시킨 거야. 마치 공장처럼 보이는 형형색색의 파이프 등 독특한 모습이 가장 눈에 띄는 특징인데, 외형뿐 아니라 내부에도 새로운 생각을 담았어. 내부 공간을 기둥 같은 구조나 각종 설비로부터 자유롭게 하려는 생각이 바로 하이테크 건축의 핵심이지.

하이테크 건축을 내세우는 사람들은 공간에 '모든 기능을 담을 수 있는 보편성'이 있어야 한다고 생각했어. 무슨 말이냐고? 예를 들어 볼까? 사람들이 모여 일하는 회사 건물을 생각해 보자. 여러 층을 편리하게 이용하기 위해서는 계단이나 엘리베이터가 필요하고, 또 화장실도 필요해. 전기나 수도를 위한 공간도 필요할 거야. 이렇게 건축물을 안전하고 쾌적하게 이용하기 위해 필요한 시설을 한곳에 모으는데, 이것을 '코어'라고 불러. 코어는 건축물 내부에 놓는 게 일반적이지. 또, 다른 공간과 코어의 거리가 서로 비슷하도록 건물 중심부에 배치하는 경우가 많아.

자, 그런데 이 건물의 사용 목적이 바뀌어 전시장이나 회의장으로 사용한다면 어떻게 될까? "저 기둥 때문에 발표자가 보이지 않잖아. 이게 뭐람!" "이번 전시 작품은 규모가 큰데, 중앙에 있는 코어 때문에 작품을 제대로 관람할 수가 없군. 이게 무슨 미술관이야!" 이렇게 사람들의 볼멘소리를 들어야 할 거야.

물론 사무실에 맞는 건축이 따로 있고, 전시장에 맞는 건축이 따로 있다고 생각할 수도 있을 거야. 하지만 현대인들이 하나의 역할이나 직업만으로 살아가지 않는 것처럼, 건축물도 처음 지어질 때의 기능

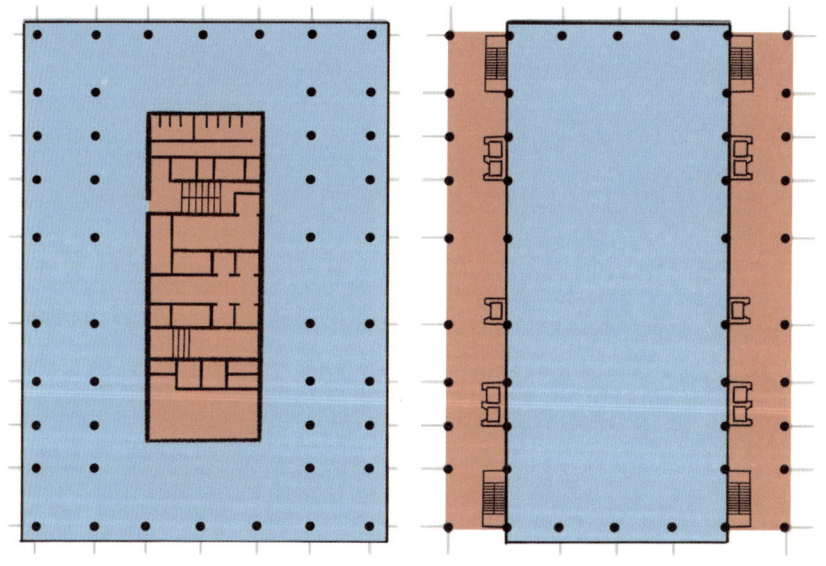

코어를 건물 내부 중심에 배치한 평면(왼쪽)과 코어를 건물 밖에 배치한 평면(오른쪽)

색색깔의 각종 파이프로 채워진 퐁피두 센터의 동쪽 벽면

과 용도가 그 건축물의 수명이 다할 때까지 유지된다고 보기는 어려워졌어. 더구나 건축물의 수명은 보통 사람의 수명보다 길거든. 사회는 빠르게 변화하는데, 멀쩡한 건물을 부수고 매번 새로운 건물을 지을 수도 없는 노릇이지.

이런 문제를 해결할 방법이 없을까? 그 답으로 생각한 것이 바로 '보편성 있는 공간'이야. 어떤 용도로 사용되더라도 불편함이 없는 만능 공간. 그래서 내부 공간에 걸림돌이 되는 것들을 건물 외부로 쫓아내기로 한 거야. 하이테크 건축가들은 여러 가지 설비 시설을 화려한 색으로 꾸며 건물 밖에 두었어. 이런 화려한 색깔은 아름답게 보이기 위한 것만은 아니야. 복잡한 설비를 관리할 때 잘 구분할 수 있도록 하는 기능적인 목적도 함께 있지. 바람을 상징하는 파란색 파이프는 환기용 설비, 안전을 상징하는 붉은색은 소방 설비, 초록색 파이프는 상하수도용, 노란색 파이프는 전기 배관용에 쓰는 식이야.

이렇게 넓은 건물에 기둥이 없다고?

　퐁피두 센터는 오르세 미술관, 루브르 박물관과 더불어 파리의 3대 미술관 중 하나야. 너비가 약 50미터에 이르는 거대한 건물이지. 보통 이 정도 크기의 건물에는 기둥이 5개 정도는 필요한데, 퐁피두 센터 내부에는 기둥이 없단다. 기둥이 있으면 작품을 감상할 때 아무래도 걸림돌이 되겠지. 그래서 건축가들은 기둥도 없애기로 한 거야.

　기둥은 건축물 안전에 필수적인 구조 요소야. 기둥을 없애면 건축물이 무너지는 거 아니냐고? 퐁피두 센터의 건축가들은 사람들이 당연하게 생각하는 것에 의문을 품었고, 그 해결 방법을 찾으려 시도했어. 그리고 결국 창의적인 방법을 찾았지. 그들은 잡아당기는 힘, 즉 장력을 이용했어.

기둥 사이에 종이를 놓고, 무게 있는 물체를 올려 두었다고 해 보자. 종이는 점점 아래로 처지다가 찢어지고 말 거야.

그런데 만약 종이의 네 모서리를 팽팽하게 잡아당기면서 그 위에 물체를 올려 두면 어떨까? 종이는 물체의 무게를 충분히 떠받칠 수 있을 거야.

퐁피두 센터의 서쪽 벽면이 여러 가지 건축 구조물로 이루어져 있는 모습

건축물도 마찬가지야. 외부에서 잡아당기는 힘이 있다면 내부에 기둥을 세우지 않고도 건축이 가능해지는 거지. 퐁피두 센터의 외부에 여러 구조적 장치들이 복잡하게 설치되어 있는 것은 그 때문이야.

종이 위에 기둥 없이 안전하게 물체를 올려 둘 수 있는 또 다른 방법이 있어. 종이를 삼각형 모양이나 물결 모양으로 반복해서 접은 뒤 그 위에 올려 두는 거야. 이렇게 하면 힘이 분산되어 바닥이 휘어지지 않고 물체의 하중을 견뎌 내지. 동물의 뼈나 대나무의 단면에 구멍이 숭숭 뚫려 있는 것도 같은 이치야. 자신을 지탱하는 에너지를 가장 적게 사용하는 구조인 거지.

삼각형이나 X자 모양의 뼈대로 구조물을 지지하는 방식의 구조를 '트러스'라고 부르는데, 퐁피두 센터의 천장에는 높이가 2.3미터나 되는 트러스가 설치되어 있어. 바로 이것이 기둥 없이도 건축물이 안전할 수 있는 이유지.

삼각형 모양의 '워렌트러스'가 설치된 퐁피두 센터의 천장

퐁피두 센터의 초기 계획안은 필요에 따라 건축물의 층 높이를 낮게 혹은 높게 조절할 수 있도록 움직이는 건축물이었다고 해. 높이까지 자유롭게 쓸 수 있다면 '보편성 있는 공간'이라는 목표에 더 다가갈 수 있었겠지. 하지만 안타깝게 예산 부족으로 실현되지는 못했대. 비록 건축가의 뜻을 온전히 담아내지 못했지만, 사람들에게 '유용하고 좋은 건축이란 무엇인가?'에 대해 새로운 관점을 제시한 건 틀림없지. 퐁피두 센터가 유명한 건 그 때문일 거야.

> 알쓸 상식

소화 기관을 닮은 보웰리즘 건축

퐁피두 센터의 건축 양식은 첨단 산업과 기술의 요소를 건물 디자인에 통합한 '하이테크 건축'이라고 하지만, 한편에서는 '보웰리즘 건축'이라고도 부릅니다.

보웰(bowel)이란 소장, 대장과 같은 소화 기관의 일부, 창자를 의미합니다. '창자와 같은 건축'이라니 너무 괴상하지요? 왜 이런 말이 생겨난 걸까요? 이것을 이해하려면 영국의 건축가 마이클 웹(Michael Webb, 1937~)의 학창 시절로 돌아가야 해요.

1958년 런던의 리젠트 스트리트 폴리테크닉 건축대학 4학년에 재학 중이던 마이클 웹은 친구들과 함께 가구산업협회 건축 공모전에 참가했습니다. 그의 설계안은 일반적으로 건축물 중심부에 숨겨져 있던 화장실, 엘리베이터, 계단 등의 공간을 밖으로 빼내는 파격적인 디자인이었어요. 하지만 너무 파격적이어서 그랬는지 공모전에서는 좋은 성적을 거두지 못했습니다.

그다음 해인 1959년, 당시 유명한 역사가이자 비평가인 페브스너(Nikolaus Pevsner, 1902~1983)는 BBC 라디오 방송에서 영국의 현대 건축이 어떤 상황이냐는 질문을 받습니다.

"어떤 학생의 작품은 마치 접시 위에 창자들을 올려 둔 것 같더군요. 이러한 학생들의 매우 불안한 디자인을 제외하면 모든 것이 좋습니다."

 마이클 웹은 방송을 듣고도 처음에는 자신의 작품을 가리키는 말인지 몰랐어요. 나중에는 자신의 작품이 만천하에 웃음거리가 되었다는 것을 알게 되었지요. 하지만 그는 기죽지 않고 오히려 당당하게 자신의 건축 디자인에 '보웰리즘'이라는 명칭을 붙였지요. 그러나 그런 자신감과는 달리 학교에서의 평판은 매우 나빴고, 5년제 건축대학을 졸업하는 데 17년이나 걸렸다고 해요.

 '~이즘(ism)'이라고 하면 보통 일정 기간 동안 유행하는 생각이나 양식을 말해요. 그런데 보웰리즘은 조금 달라요. 건축물 내부에 설치되는 계단실, 엘리베이터 및 건축 설비를 외부에 계획한 형태의 건축물을 통칭하는 이름으로 쓰이고 있습니다.

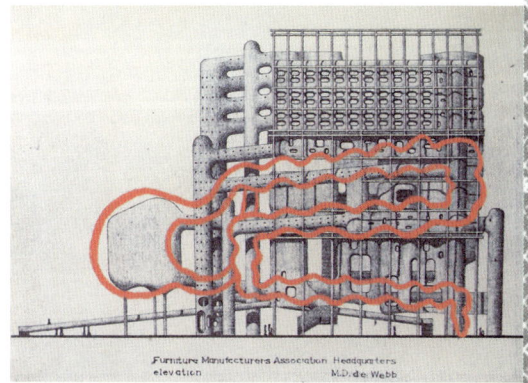

소화 기관을 연상시키는 마이클 웹의 건축 계획안

보웰리즘 건축물 중 하나인 영국 런던의 로이드 빌딩

위치 : 오스트리아 그라츠
설계 : 피터 쿡(Peter Cook), 콜린 푸르니에(Colin Fournier)
완공 : 2003년

중세 도시에 있는 외계인 건물
쿤스트하우스 그라츠

"엄마, 여기가 그라츠라는 도시예요?"
"응. 그라츠는 오스트리아의 수도 빈 다음으로 큰 도시야."
"오늘은 어떤 건물을 보러 가요?"
"오늘은 작은 요새에 내려앉은 친절한 외계인을 만나러 갈까 하는데?"
"뭐라고요? 무슨 말인지 모르겠어요."
"하하하. 가서 보면 무슨 말인지 알걸?"

그라츠는 중세 도시의 모습을 엿볼 수 있는 곳이야. 1999년에는 그라츠의 구도심 전체가 유네스코 세계유산 보호구역으로 지정되기도 했단다.

'그라츠'는 슬라브어로 '작은 요새'라는 뜻이야. 도시 이름을 왜 '작은 요새'로 지었을까? 지명만 들으면 마치 전쟁이 잦았던 곳 같지? 하지만 이유는 따로 있어. 그라츠에는 도시 가운데를 남북으로 흐르는 무어강이 있는데, 신석기 시대부터 강변에 사람들이 살았다고 해. 큰비가 오면 강이 범람하곤 했는데, 홍수 때를 대비하기 위해 강이 내려다보이는 언덕에 요새를 만들었지. 그 요새가 도시의 상징이 되었고, 이름까지 된 거야.

이렇게 역사가 깊은 도시 그라츠는 2003년 유럽 문화 수도(European Capital of Culture)에 지정되었고, 이것을 기념하여 지어진 미술관이 바로 쿤스트하우스 그라츠란다.

유럽 문화 수도를 기념하는 건물

'유럽 문화 수도'는 그리스의 배우이자 문화부 장관 멜리나 메르쿠리(Melina Mercouri, 1920~1994)와 프랑스 문화부 장관 자크 랑(Jack Mathieu Émile Lang, 1939~)이 함께 제안한 개념이야. 알다시피 유럽 국가들은 유럽 연합(EU)이라는 정치적, 경제적 통합체를 이루고 있어. 하지만 서로 언어도 다르고 문화와 풍습도 제각각인 나라들이 정치와 경제로 하나가 되기가 녹록할 리 없었겠지. 메르쿠리와 잭 랑은 문화가 유럽을 하나로 묶어 줄 거라 생각했고, 1985년에 유럽 문화 수도 프로그램을 제안했어. 그리스의 아테네가 첫 번째 문화 수도가 되었지.

2003년 그라츠가 유럽 문화 수도로 지정되자, 그라츠 시는 국제 공모전을 열어 기념 건축물을 짓기로 했어. 그때 영국 건축가 피터 쿡(Sir Peter Cook, 1936~)과 콜린 푸르니에(Colin Fournier, 1944~2024)가 당선되어 쿤스트하우스 그라츠를 지었지. '그라츠 예술 박물관'이라는 뜻이야.

건물이 정말 특이하게 생겼지? 촉수를 한껏 뻗은 아메바 같기도 하고, 돌기해삼처럼 보이기도 해. 파란색 아크릴 유리 위로 솟아오른 열다섯 개의 돌기를 보며 사람들은 상상했어. 지구에 불시착한 외계인들이 자신들의 행성으로 돌아가기 위해 태양 에너지를 빨아들이려 잠시 쉬는 게 아닐까, 하고 말이야. 그래서 사람들은 이 건물을 '친절한 외계인'이라는 애칭으로도 부른단다.

고래 뱃속에 미술관이 있다고?

자, 이제 친절한 외계인 안으로 들어가 볼까? 먼저 2층으로 올라가 보자. 본격적인 미술관은 우리 머리 위의 고래 뱃속에 있으니까 말이야. 2층으로 오르는 입구에는 '트래블레이터'라고 불리는 30미터 길이의 무빙워크가 있는데, 마치 고래가 입을 쩍 벌리고 관람객을 삼키는 것 같아. 건축가는 새로운 미래에 대한 도전을 표현하기 위해 입구를 이렇게 디자인했다고 해. 역사적인 건축물로 빼곡한 거리에서 갑자기 현대적인 느낌의 미술관 안으로 들어와서는, 곧장 빨려 들듯 다른 차원의 미래로 이동하는 거지.

2층 내부의 모습은 마치 우주선 안쪽 같아. 15개의 돌기를 통해

2층 전시장 내부

들어오는 자연 빛과 인공 조명이 더해져 신비로운 느낌이 들지.

친절한 외계인은 저녁에 그 본색을 드러낸단다. 물컹이는 생물체 같았던 낮의 모습은 온데간데없고, 커다란 기계 장치 같은 모습으로 변신했어. 건물 표면은 커다란 스크린 모니터가 되어 움직이는 글씨나 그림을 보여 주지. 이곳 사람들은 이 큰 모니터를 빅스(BIX)라고 부르는데, 큰 픽셀(Big Pixel)이라는 뜻이야. 어두운 밤에 픽셀이 움직이는 모습을 보면 마치 건물이 걸어다니는 것 같은 느낌까지 들어.

건축가 피터 쿡은 1961년 젊은 건축가 그룹인 아키그램을 결성했어. 그들은 SF 영화에나 나올 법한 실험적이고 예술적인 건축 아이

아키그램의 워킹 시티 상상 그림

디어를 많이 내놓았는데, 그중에는 워킹 시티(walking city), 즉 걸어 다니는 도시도 있었지. 피터 쿡의 상상을 실현한 장치가 바로 쿤스트하우스 그라츠의 빅스일 거야.

철로 만든 집, 아이제네스 하우스

쿤스트하우스, 즉 미술관은 또 다른 건물 아이제네스 하우스와 연결되어 있단다. 얼핏 보면 전혀 다른 두 개의 건축물 같은데, 또 절

묘하게 어울리는 느낌도 들어. 아이제네스 하우스는 1848년 카페와 바가 있는 쇼핑센터로 지어졌어. 그러니까 쿤스트하우스 그라츠보다 155년이나 먼저 지어진 건물이지.

쿤스트하우스 그라츠의 위치가 아이제네스 하우스 옆으로 결정되자, 그라츠 시는 아이제네스 하우스도 미술관에 포함시키기로 했어. 아이제네스 하우스의 역사적 가치를 무시할 수 없었기 때문이지. 어떤 역사적 가치가 있냐고?

아이제네스 하우스는 '철로 만든 집'이라는 뜻이야. 당시 철은 철도의 선로나 계단의 난간, 그릇이나 장식물 재료로 사용되었어. 철로 건축물을 짓는다는 것은 매우 파격적인 일이었지. 철을 건축 재료로 사용하지 않았던 이유는 무엇이었을까?

이유는 크게 두 가지인데, 하나는 보기 흉하다는 의견 때문이었어. 1889년 파리 만국 박람회에서 에펠탑이 공개되자, "예술적 취향이라고는 찾을 수 없는 추악한 철 덩어리" 같은 혹평이 쏟아졌지. 예술에 개방적인 프랑스가 이 정도니, 주변 나라들의 반응은 뻔했지.

두 번째 이유는 철이 건축 구조의 재료로 사용되기에 적합하지 못했기 때문이야. 지금은 건축에 철이 없으면 안 되는데, 무슨 말이냐고? 당시의 철은 '주철'이었어. 철광석을 가열하여 이물질을 제거해야 하중을 잘 견디는 강철을 만들 수 있는데, 당시의 기술은 아직 그 정도가 아니었거든. 주철은 그 이전 단계의 철로, 발코니, 난간, 문

아이제네스 하우스

같은 제품을 만들거나 다리나 건축물의 구조 부품에 사용되었어.

  1848년에 그런 주철로 쇼핑센터를 지었다는 것은 굉장히 놀랄 만한 일이지. 쿤스트하우스 그라츠의 파격적인 건축 디자인이 받아들여진 것도, 155년 전 아이제네스 하우스의 창의적인 도전 정신이 있었기 때문일 거야.

> 건축가 열전

아키그램 건축가들의 재미있는 상상력

쿤스트하우스 그라츠와 같이 아메바 모양의 생물체를 닮은 건축물을 '블롭 건축(blob architecture)'이라고 부릅니다. 사실 이 말은 건축물의 형태가 흉물스럽다고 비아냥거린 한 비평가로부터 시작되었어요. 지금은 팽창하듯 부풀어진 모양의 건축물을 이르는 말로 사용되고 있습니다. 그런데 이런 모양의 건축은 어떻게 시작된 것일까요?

자신이 상상한 '플러그인 시티'에 대해 발표하는 건축가 피터 쿡

1960년대, 피터 쿡을 비롯한 영국의 젊은 건축가들은 기능을 중시하는 고전적인 건축 설계에 지루함을 느꼈습니다. 그들은 미국과 당시 소련이 벌이고 있었던 우주 경쟁, 로봇의 등장, 당시 미술의 큰 물결이었던 팝아트에 마음을 빼앗겼죠. 그들은 런던 건축협회에서 만나 아키그램이라는 건축가 그룹을 만듭니다.

아키그램은 재미있는 상상력을 발휘하여 걸어 다니는 도시, 레고처럼 조립하는 도시 등 매우 기발한 건축 아이디어를 내놓았습니다. 공상 과학처럼 느껴질 정도로 급진적인 건축 설계였죠. 그들은 당장 지어지지 못한다는 것을 알면서도 수많은 도시 계획안을 발표했습니다. 아키그램의 꿈은 프랑스의 퐁피두 센터와 같은 유명한 건축물에 영향을 주었고, 지금까지도 여러 건축가들에게 영감의 원천이 되고 있습니다.

ARCHITECTURE 건축 005

위치 : 스페인 바르셀로나
설계 : 가우디 (Antoni Gaudi i Cornet)
완공 : 2026년 예정

5

144년 동안 지은 성당
성 가족 대성당

"오늘 멋진 성당에 간다고 하셨잖아요? 성당이 산 위에 있어요?"
"아니, 성당은 바르셀로나 시내 중심에 있어. 여기, 몬주익 언덕에서 보면 바르셀로나의 전경과 함께 성당의 전체 모습을 볼 수 있단다."
"아! 혹시 저기 뾰족뾰족 여러 개의 탑들이 한데 모여 있는 것처럼 보이는 건물인가요? 그런데, 아직 공사 중인가 봐요!"

성 가족 대성당은 이곳 말로 사그라다 파밀리아 성당이라고 해. 사그라다(sagrada)는 '성스러운'이라는 뜻이고, 파밀리아(familia)는 가족이라는 뜻이지. 성 가족은 예수와 마리아, 요셉을 말한단다. 성 가족 대성당은 1882년에 공사를 시작했는데, 보다시피 아직도 짓고 있는 중이야. 2026년에 완공할 계획인데, 계획대로 완공된다면 무려 144년 동안이나 건축을 한 거야. 왜 이렇게 공사 기간이 긴 걸까?

마가의 탑 / 예수의 탑 / 마테의 탑 / 성모의 탑

2025년 현재, 예수의 탑을 제외한 모든 첨탑이 지어졌단다.

건물 하나 짓는 데 100년이나?

　공사 기간이 길어진 가장 큰 이유는 공사비 때문이야. 건축에는 비용이 상당히 많이 드는데, 보통은 공사비를 마련해 놓고 건축 공사를 계획하지. 그런데 성 가족 대성당은 처음부터 헌금과 기부금만으로 짓겠다는 계획을 했단다. 돈이 모일 때마다 조금씩 지었으니 오래 걸릴 수밖에. 지금은 성당 방문객의 입장료 수입으로 건축비를 충당하는데, 코로나19 감염병이 세계를 휩쓸던 때에는 관광객이 아예 없어 공사도 중단되었다고 해.

　오래 걸린 또 다른 이유는 세상에서 가장 높은 성당을 꿈꾼 건축가 가우디(Antoni Gaudí i Cornet, 1852-1926)가 사망한 후 나머지 부분을 건축하는 데 어려움이 있었기 때문이야. 건축가들은 먼저 건축물 설계 도면을 그리고 도면에 따라 공사를 하는 것이 일반적이야. 그런데 가우디는 도면을 남겨 두지 않았단다. 독특하게도 자신의 머릿속에 있는 건축물을 스케치해서 공사 현장에서 지시하는 방식으로 성 가족 대성당을 짓기 시작한 거야. 게다가 가우디가 직접 만든 성당 모형과 스케치 일부는 스페인 내전으로 불에 타거나 대부분 잃어버렸지. 가우디가 죽고 난 10년간(1926년~1936년)은 성당 건축을 멈추어야 했을 정도였어. 후대 건축가들은 가우디 생전에 지어진 성당의 일부분을 참고해서 나머지 부분을 건축해야 했지.

그런데 왜 완공을 2026년으로 잡았을까? 2026년은 건축가 가우디가 세상을 떠난 지 100주기가 되는 해이기 때문이야.

숨은 능력자, 가우디

가우디가 처음부터 성 가족 대성당의 건축을 맡았던 건 아니야. 초보나 다름없었던 31세의 젊은 건축가 가우디가 어떻게 이 거대한 프로젝트를 맡을 수 있었을까?

바르셀로나의 한 종교 서적 출판사 대표 호세 마리아 보카베야(José María Bocabella, 1815~1892)는 1872년 이탈리아 로레토를 방문했을 때 산타 카사 성당을 보고 감명을 받아 바르셀로나에 성당을 짓기로 결심했어. 보카베야는 건축가 프란시스코 델 비야르(Francisco del Paula de Villar, 1828~1901)에게 건축을 의뢰했고, 곧 비야르의 설계에 따라 공사가 시작되었어. 그리고 성당의 상부 건축 계획을 시작하려 할 때 수석 건축가였던 비야르와 기술 고문을 맡고 있던 호안 마르토렐(Joan Martorell, 1833~1906)의 의견이 맞지 않았지. 건축가는 대리석으로 하자고 제안했는데, 기술 고문인 마르토렐은 돌조각을 쌓은 뒤 회반죽을 칠하는 만포스테리아(manposteria) 공법이 적합하다고 강하게 주장했어.

결국 비야르는 1년 만에 수석 건축가를 사임하게 되었어. 후임을

산타 카사 성당(왼쪽)과 만포스테리아 공법으로 지은 교회(오른쪽)

맡을 책임 건축가가 시급히 필요했던 보카베야는 기술 고문 마르토렐에게 총감독이 되어 줄 것을 제안했어. 그러나 마르토렐은 이 제안을 거절하고 대신 젊은 건축가 가우디를 추천했지.

마르토렐은 바르셀로나 건축학교에서 가우디를 가르쳤을 뿐 아니라 설계에 가우디를 참여시켜 함께 일한 적이 있었어. 또 가우디는 1876년까지 비야르 밑에서도 일을 했었기 때문에 비야르도 가우디를 잘 알고 있었어. 가정 형편이 어려웠던 가우디는 바르셀로나 건축학교에서 공부하면서도 늘 건축 사무소에서 일을 했었거든. 비록 젊은 건축가였지만, 가우디의 능력은 이전부터 이미 인정받고 있었던 셈이지.

하지만 보카베야는 아무래도 젊은 건축가가 미덥지 못했나 봐. 가우디를 수석 건축가로 임명하는 일을 1년이나 망설였으니까. 하지만 가우디는 임명과 관계없이 일을 시작했단다.

자연 그 자체를 담아낼 거야

수석 건축가가 된 가우디는 자신만의 건축 철학을 담아 완전히 새로운 성당을 건축하려고 했어. 가우디는 평소에 자연은 신의 작품이고 자연만큼 완벽한 것은 없다고 생각했지.

"성당 높이는 울름 대성당보다는 높게, 그러나 몬주익 언덕보다는

몬주익 언덕

울름 대성당

낮아야 해. 그리고 성당 내부는 자연 그 자체를 담아야 해!"

가우디는 성 가족 대성당을 가장 높은 건축물로 짓고 싶었어. 또 인간은 신이 만든 자연과 경쟁해서는 안 된다는 생각도 가지고 있었지. 그래서 당시 가장 높은 건축물이었던 높이 161미터의 독일 울름 대성당보다는 높고 바르셀로나의 중요한 산인 높이 173미터의 몬주익 언덕보다는 낮은 172.5미터로 성 가족 대성당을 계획했어.

"이렇게 높은 성당을 무너지지 않게, 또 아름답게 지으려면 어떻게 해야 할까?"

172.5미터 높이의 건축물을 짓는 것은 현대에도 매우 도전적인 일이야. 당시에는 컴퓨터로 계산을 할 수 있는 것도 아니었으니, 건

가우디의 모래주머니 실험을 재현한 모형. 이 모형을 위아래로 뒤집으면 성 가족 대성당의 형태가 된다.

축가로서 고민이 많았을 거야. 건축물이 서 있기 위해서는 여러 가지 힘을 견뎌야 해. 특히 지구가 물체를 잡아당기는 힘, 바로 중력을 반드시 이겨 내야 하지.

줄의 양 끝을 느슨하게 고정시키면 목걸이처럼 둥근 모양이 만들어지는데, 이것을 현수선이라고 해. 현수선을 뒤집은 모양을 현수선 아치라고 하고. 현수선 아치는 힘을 고루 분배

아치 디자인을 사용한 성당 외부와 내부 모습

하기 때문에 구조적으로 안정적일 뿐 아니라 자연이 만들어 낸 형태에 가까워. 가우디는 모래주머니 실험을 통해 아름다운 중력의 모양을 찾아내기로 했단다. 수많은 모래주머니를 만들어 줄에 매달고 길이와 위치를 조정해 가며 가장 안정적이고 아름다운 디자인을 찾은 거야. 이런 현수선 아치는 성당의 외부 형태뿐 아니라, 성당 내부의 디자인에도 이용되었지.

거대한 성경책이 된 건물

가우디는 신실한 기독교 신자였어. 그래서 사람들이 성당 안에 들어가지 않고 건축물의 외부만을 보고도 성경책을 읽는 느낌을 주고 싶었지. 가우디는 건물 외부 벽면에 예수의 탄생에서 부활까지, 성경 내용을 조각하기로 했어.

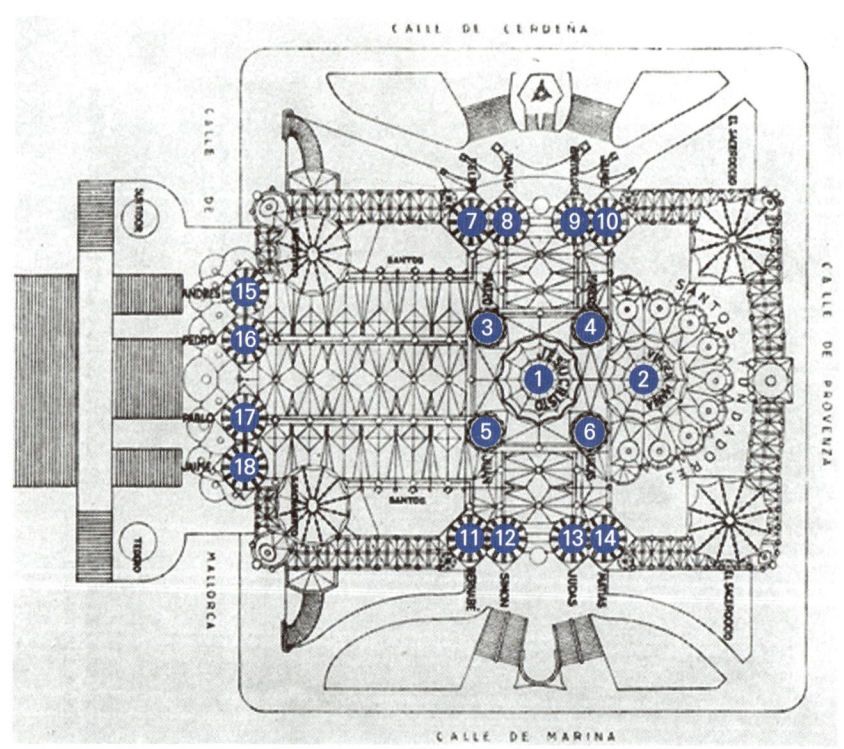

❶예수의 탑 ❷성모의 탑 ❸마태의 탑 ❹마가의 탑 ❺요한의 탑 ❻누가의 탑 ❼필립보의 탑 ❽토마의 탑 ❾바틀로메오의 탑 ❿작은 야고보의 탑 ⓫바르나바(요셉)의 탑 ⓬시몬의 탑 ⓭유다의 탑 ⓮마티아의 탑 ⓯안드레아의 탑 ⓰베드로의 탑 ⓱바울로의 탑 ⓲야고보의 탑

예수의 탄생을 조각한 벽면   예수 수난을 조각한 벽면

　태양이 떠오르는 방위인 동쪽(정확한 방향은 북동쪽) 벽면에는 예수의 '탄생'을 알리는 장면(수태고지)과, 동방박사들을 조각했어. 성당 건축 기간을 200년으로 예상했던 가우디는 자신이 공사를 마무리할 수 없을 거라는 걸 알고 있었어. 그래서 자신의 뒤를 이어 건축할 사람들을 위한 예시를 남겨 놓고 싶었지. 이 '탄생' 벽면은 바로 그런 목적으로 가장 먼저 세심하게 완성시킨 부분이란다.

　서쪽 '예수 수난(Passion)' 벽면은 박해받던 예수의 모습들을 조각한 부분으로, 마치 예수의 앙상한 뼈를 보는 듯한 모습이야. 남쪽 '영광(Glory)' 벽면은 아직 공사 중인데, 부활한 예수의 영광을 상징하는 모습이 묘사된다고 해.

> 건축가 열전

유명한 건축가의 쓸쓸한 죽음

"여기 노인이 전차에 치인 것 같아요. 택시! 택시!"
"무슨 소리요! 노숙자는 택시에 태울 수 없소."
"사람이 다쳤는데, 이러지 말고 병원으로 갑시다."

노숙자 취급을 받고 택시도 타지 못했던 사람. 바로 가우디입니다. 도대체 무슨 일이 있었던 걸까요?

당시 가우디는 매우 유명한 건축가였어요. 남부럽지 않게 돈도 벌어 항상 멋지게 차려입고 다녔지요.

가우디의 젊은 시절 모습

그러던 그가 58세의 나이에 감염병의 하나인 브루셀라병에 걸리고 말았어요. 게다가 남은 가족이었던 아버지, 형 그리고 조카마저 세상을 등지게 되었지요. 가우디는 잠시 건축 일을 접고 요양을 떠났습니다. 그러나 좀처럼 병은 낫지 않았고 점차 신경질적으로 변하며 사람들이 대하기 어려운 사람이 되었습니다.

"신이 너를 세상에 내보낸 이유는 네가 특별히 해야 할 일이 있어서다."

가우디는 투병 중에 어머니의 생전 말씀을 떠올리고, 자신이 해야 할 특별한 일, 바로 성 가족 대성당을 짓는 일에 다시 몰두하기로 했어요. 우선 자신의 전 재산을 모두 성당에 헌납했고, 성당 건축을 위한 모금을 하러 다니기도 했어요. 그때 모습은 예전의 멋쟁이 가우디가 아니었지요. 수염이

덥수룩했고, 곰팡이 핀 더러운 옷과 고무줄로 동여맨 신발을 신고 다녔다고 해요. 수도사처럼 보이기도 했고, 어찌 보면 거리의 부랑자나 노숙자처럼 보이기도 했을 거예요.

  1926년 6월 늦은 오후. 혼자만의 생각에 잠겨 성당으로 가려고 길을 건너던 가우디는 전차에 치이는 사고를 당했고, 그의 초라한 모습을 알아보는 사람은 없었어요. 어렵사리 병원에 도착했지만, 치료가 늦어지는 바람에 병원에서 3일 만에 쓸쓸하게 생을 마감했지요.

  스페인 바로셀로나에 가면 구엘 공원, 카사 바트요, 카사 밀라 등 가우디가 설계한 독창적인 건축물을 볼 수 있어요. 구엘 공원은 곡선과 화려한 모자이크 장식이 특징인 동화 같은 공간이에요. 카사 바트요는 용의 등을 연상시키는 지붕과 해골 같은 창문이 인상적인 건축물이며, 카사 밀라는 물결치는 듯한 외관과 독특한 굴뚝 디자인으로 유명하지요.

가우디가 설계한 공동 주택, 카사 밀라

위치 : 이탈리아 로마
설계 : 베스파시아누스 (Titus Flavius Vespasianus) 황제
완공 : 80년

로마 최고의 인기 경기장
콜로세움

"엄마, 로마에는 오래된 건물들이 많은 것 같아요."
"맞아. 세력이 어마어마했던 로마제국의 오래된 역사와 문화를 가진 도시니까. 그중에서도 콜로세움은 로마제국의 상징 같은 건축물이야."
"콜로세움? 어떤 곳이길래 그렇게 유명해요?"
"로마제국 사람들이 싸움이나 경기를 즐기던 거대한 경기장이었어."
"경기장이라고요? 그럼 야구랑 축구도 했어요?"

서기 64년 7월 19일. 로마에 발생한 큰불이 빠르게 번지고 있었어. 불은 6일 동안이나 타올라 시내의 모든 건물이 잿더미가 되었지. 네로 황제가 일부러 불을 질렀다는 흉흉한 소문이 돌았어. 하지만 사실이 아니었어. 화재 당시에 네로 황제는 시내에 없었어. 게다가 화재 소식을 들은 네로 황제는 궁으로 재빠르게 돌아와 시민들을 구호했다고 해. 집을 잃은 시민들에게 궁전을 개방하고, 음식을 나누어 주었다고도 하지.

폐허로 변한 지역을 흉물스럽게 둘 수는 없었을 거야. 네로 황제는 화재로 사라진 지역에 화려하고 거대한 황금 궁전(도무스 아우레아)을 짓고 외부에는 인공 호수와 정원을 만들기 시작했어. 직사각형의 인공 호수만 해도 축구장 5개 정도 크기라니 규모가 짐작이 가니? 68년 네로 황제가 죽을 때까지도 이 건축물을 다 완성하지 못했단다.

네로 황제가 지었던 황금 궁전과 인공 호수를 상상하여 나타낸 그림

궁전을 허물어 버린 황제

네로 황제가 죽고 황제 자리를 차지한 사람은 베스파시아누스(Titus Flavius Vespasianus, 9~79)였어. 그는 네로 황제가 시민들에게 많은 미움을 샀기 때문에 자신은 네로와 같은 황제가 되지 말아야겠다고 생각했지. 그래서 베스파시아누스는 황제가 되자 네로 황제의 화려한 황금 궁전을 허물어 시민들이 즐길 수 있는 공간으로 만들겠다고 약속했어.

그렇게 콜로세움은 네로 황제의 황금 궁전이 있던 위치, 조금 더 정확하게는 인공 호수가 있던 자리에 건축이 시작되었어. 그래서 다른 원형경기장들이 주로 도시 외곽의 언덕에 기대어 지어진 것과 달리, 콜로세움은 독특하게도 도심 한가운데 우뚝 세워진 거야.

원형경기장은 네로 황제가 죽고 혼란의 시기를 겪은 후 서기 72년부터 짓기 시작했어. 하지만 베스파시아누스 황제도 생전에는 3층까지만 볼 수 있었대. 결국 베스파시아누스 황제의 아들인 티투스(Titus Flavius Vespasianus, 39~81) 때 완성되었지.

드디어 서기 80년, 플라비우스 원형경기장(콜로세움)이 완성되었어. 그 전까지 검투 경기는 '포로 로마노'라는 광장에서 열렸지. 사실 광장은 개선식(전투에서 승리하고 온 군대를 환영하는 행사), 연설, 선거 발표, 즉위식 같은 국가의 중요 행사가 열리는 장소라서 검투 경기를 보는 데 적합하지는 않았어. 게다가 광장은 평지라 맨 앞의 관중들만 잘 볼 수 있을 뿐이고 거의 대부분의 사람들이 소리로만 경기를 즐겨야 했거든.

때문에 시민들은 계단식 경기장의 완공 소식에 모두 환호했어. 완공 기념 행사를 100일 동안이나 열고 동물 사냥, 처형, 검투사 싸움 등을 벌였다고 해.

경기장이 처음 지어졌을 때 사람들은 그저 '원형경기장'이라고만 불렀어. 지금과 같은 규모의 콜로세움 모습을 만든 사람은 티투스 황제의 동생인 도미티아누스(Titus Flavius Domitianus, 51~96) 황제야. 콜로세움을 개축하여 지하 시설을 만들고 관람석의 수도 크게 늘렸

도심 한가운데 지어진 경기장, 콜로세움

지. 그리고 플라비우스 왕조(베스파시아누스 황제와 그 아들들 티투스와 도미티아누스)에 의해서 지어졌다는 의미로 '플라비우스 원형경기장'이라고 불렀어.

경기장 근처에 세워진 거대한 동상

플라비우스 원형경기장이 언제부터 콜로세움이라고 불렸는지 정확한 시기를 알 수는 없지만, 그 유래는 전해 오고 있어. 네로 황제는 황금 궁전을 지을 때 궁전 옆에 네로 자신의 모습을 본떠 만든 거대한 동상(콜로서스 네로니스)을 세웠어. 이 동상은, 로도스에 있었다고 전해지는 그리스 태양신 헬리오스의 조각상(콜로서스 로데스)을 참고하여 만들었는데, 그 높이가 약 33미터였다고 하니 미국 뉴욕에 있는 자유의 여신상 크기와 비슷하지. 네로 황제가 죽자, 베스파시아누스 황제는 동상에 왕관을 씌우고 이름을 '태양신(콜로서스 솔리스)'으로 바꾸었어.

그 뒤에 하드리아누스(Publius Aelius Hadrianus, 76~138) 황제는 베누스 신전을 건축하기 위해 콜로서스 솔리스를 옮기라고 명령했고, 이 거대한 동상은 24마리의 코끼리에 실려 플라비우스 원형경기장 바로 북서쪽으로 옮겨졌어. 원형경기장 근처에 거대한 동상(콜로세움)이 있으니 사람들은 경기장을 별명처럼 '콜로세움'이라고 부르

기 시작했어. 그러니까 '콜로세움'은 '거대하다'는 뜻의 형용사 콜로서스에서 만들어진 명사야.

네로의 거대한 동상은 지금은 사라지고 없어. 영국의 수도사이자 작가였던 베데(Venerable Bede, 673 - 735)는 이런 말을 했다고 해.

"콜로서스가 서 있는 한 로마는 서 있을 것이다. 그러나 콜로서스가 무너지면 로마도 무너질 것이다. 그리고 로마가 무너지면 세상도 무너질 것이다."

로마제국이 멸망하고 기독교가 전파되면서, 사람들은 더 이상 태양신을 믿지 않았어. 결국 사람들은 거대한 청동상을 부수고 녹여 산탄젤로 성을 지키는 대포로 만들었지. 지금 콜로세움 근처에는 동상을 받치고 있던 대리석 기단만 남아 있어.

모두 공짜로 들어오세요!

로마 시대에 콜로세움 입장권은 얼마였을까? 모두 무료였어. 그런데 왜 입장권이 필요했냐고?

콜로세움은 지금까지 건설된 것 중 가장 큰 고대 원형경기장으로 8만 명이 경기를 관람할 수 있는 규모였어. 이 많은 사람들이 좌석을 찾느라 우왕좌왕한다면 경기를 시작하기도 전에 하루가 가 버릴 거야. 하지만 놀랍게도 15분이면 모두가 각자의 자리를 찾아 앉을 수 있었다고 해. 비밀은 바로 엄청 많은 출입구, 그리고 입장권이었어.

지금 우리가 볼 수 있는 출입구는 XXIII(23)부터 LIIII(54)까지 32개뿐이지만, 콜로세움 건축 당시에는 80개의 출입구가 있었어. 4개의 문은 황제와 귀족(북쪽 정문), 그리고 특별한 계층(동쪽, 남쪽, 서쪽 문)을 위한 문으로 타일과 황금으로 화려하게 치장을 했어. 그리고 나머지 76개는 일반 시민이 사용하는 문이었지.

또 관람할 수 있는 층도 5개로 구분되어, 각 층마다 앉을 수 있는 계급이 달랐어. 그래서 입구 통로와 좌석의 번호를 새긴 입장권을 사용한 거야.

로마 숫자가 보이는 콜로세움의 입구

출구와 좌석의 위치를 쉽게 찾는 것은 물론 신분을 구분할 수도 있으니까. '테세라'라고 불린 이 입장권은 크기 2센티미터 정도의 점토 조각이었지.

계급이 높은 사람들은 경기장과 가까운 1층 좌석에 앉을 수 있었고, 신분이 낮을수록 높은 층에 앉아야 했어. 5층은 여성과 노예들의 자리였지. 지금 생각하면 엄청난 차별이지? 원래는 5층이 없었는데 도미티아누스 황제가 여성과 노예도 경기를 볼 수 있도록 나무로 된 좌석을 추가로 만들었대. 하지만 무덤 관리인, 배우, 전직 검투사들은 천한 신분으로 여겨져 입장이 아예 금지되었다는구나.

로마의 위대한 발명품, 콜로세움

고대 건축물 중에는 원형으로 된 계단식 건축물이 꽤 많이 있어. 모두 뭔가를 관람하기 위해 만든 건축물이지만 자세히 보면 쓰임이 서로 다르단다.

우선 '극장(theatre)'은 고대 그리스인들이 만든 거야. 어원은 '보는 것'이라는 그리스어에서 유래했어. 즉, 극장은 사람들이 보기 위해 모이는 장소지. 가운데 오케스트라(orchestra, 그리스어로 '춤추는 공간'이라는 뜻)라고 불리는 무대가 있고, 무대 뒤에는 무대 배경으로 사용

시리아의 팔미라에 남아 있는 원형극장 유적

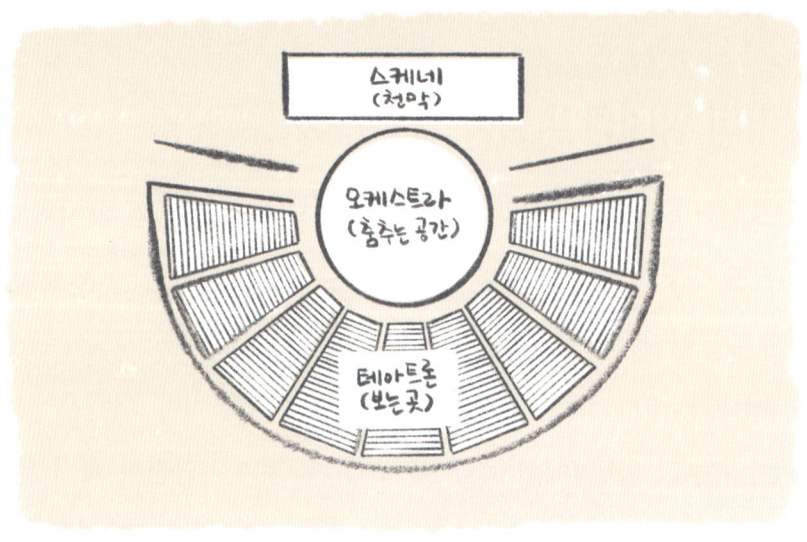

되거나 무대 의상을 보관하던 스케네(skene, 그리스어로 '천막'이라는 뜻)가 있었어. 테아트론(theatron, 그리스어로 '보는 곳'이라는 뜻), 즉 관객석은 그 무대를 바라보도록 지어져서 완전한 원형은 아니었지.

극장에서는 무대 위 배우의 움직임을 보거나 노래를 들어야 하니 크기가 제한되었지. 고대 원형극장 건축에서 매우 중요하게 여겼던 것 중 하나가 소리의 전달이었어. 어떤 원형극장에 가 보면 무대 바닥에 소리가 잘 전달되는 위치를 표시해 둔 곳도 있어.

콜로세움은 어떻게 다를까? 로마인들이 만든 콜로세움과 같은 원형극장(amphitheatre)의 명칭은 그리스어로 주위, 둘레를 뜻하는 암피(amphi-)에서 왔어. 콜로세움의 모양은 객석이 무대를 완전히 둘러싼 온전한 원형이지. 규모도 엄청나게 커. 콜로세움은 '보는 것'이

스페인 화가 울피아노 체카가 상상하여 그린 콜로세움의 나우마키아 장면(1894년)

목적이 아닌 '움직이는 것'에 적합하게 만든 건축물이거든.

　콜로세움은 검투 경기, 동물 사냥, 처형, 유명한 전투의 재연 등 움직임이 큰 활동을 관람하던 장소야. 즉 검투사나 동물들 또는 사냥꾼들이 이리저리 뛰어다닐 수 있는 너른 공간이 필요한데 극장 무대의 크기로는 불가능하니까. 그러니까 콜로세움은 다목적 스포츠 경기장이라고 생각하면 될 것 같아. 공연을 보는 극장하고는 완전히 다르다는 것을 알겠지?

　콜로세움에서는 '나우마키아'라고 부른 가상 해전이 펼쳐지기도 했어. 콜로세움이 네로 황제의 인공 호수가 있던 자리에 지어졌다는 것 기억하지? 인공 호수의 배수 시설이 워낙 잘되어 있어, 콜로세움의 출입구를 막아 물을 채우고 사람들에게 해상 전투를 보여 주기도 했대.

콜로세움은 과학 그 자체

콜로세움에서 동물 사냥 경기가 있을 때면 사자 같은 맹수가 갑자기 등장해 관중들을 놀라게 했어. 텅 빈 경기장 바닥에 사자가 나타나면 관중들은 큰 소리로 환호하며 즐거워했을 거야. 이런 극적인 효과는 엘리베이터가 있어서 가능했어. 콜로세움에 설치된 엘리베이터는 지하층에서 지상 무대까지 동물이나 검투사를 실어 날랐단다.

경기장의 지하가 드러나 있는 현재 모습

　엘리베이터는 사람이나 물건을 위아래로 이동시키는 장치야. 기원전 236년 고대 그리스 철학자 아르키메데스가 발명한 리프트에서 유래했지. 당시의 엘리베이터는 도르래에 연결된 밧줄을 사람이나 동물들이 당기는 방식이어서 전기 장치로 움직이는 지금의 엘리베이터와는 다르지. 옛날의 엘리베이터는 줄이 끊어지면 움직이려던 물체나 사람이 추락할 수밖에 없었어. 현대의 엘리베이터는 움직이는 줄이 끊어져도 갑자기 떨어지지 않도록 하는 브레이크가 달려 있지. 이런 브레이크 장치는 1852년 미국의 기계공이었던 오티스(Ilesha Otis, 1811~1861)가 발명해서 특허를 냈어.

콜로세움에는 과학적인 원리가 담긴 장치가 하나 더 있어. 태양이 내리쬐는 날 콜로세움 안에서는 대리석과 모래에 반사되어 눈이 부시고, 수많은 사람들이 내뿜는 더운 열기 때문에 즐겁게 경기를 볼 수 없었어.

콜로세움이 완성될 무렵 로마제국 전역의 극장과 원형경기장 지붕에는 정교하게 움직일 수 있는 햇빛 가림용 차양 설치가 널리 쓰였어. 지붕에 설치하는 차양은 배의 돛을 만들기 위해 사용했던 것과 같은 리넨 또는 캔버스 천으로 만들어졌대. 그래서 이 차양을 돛을 뜻하는 라틴어 '벨라리움'이라 불렀다고 해.

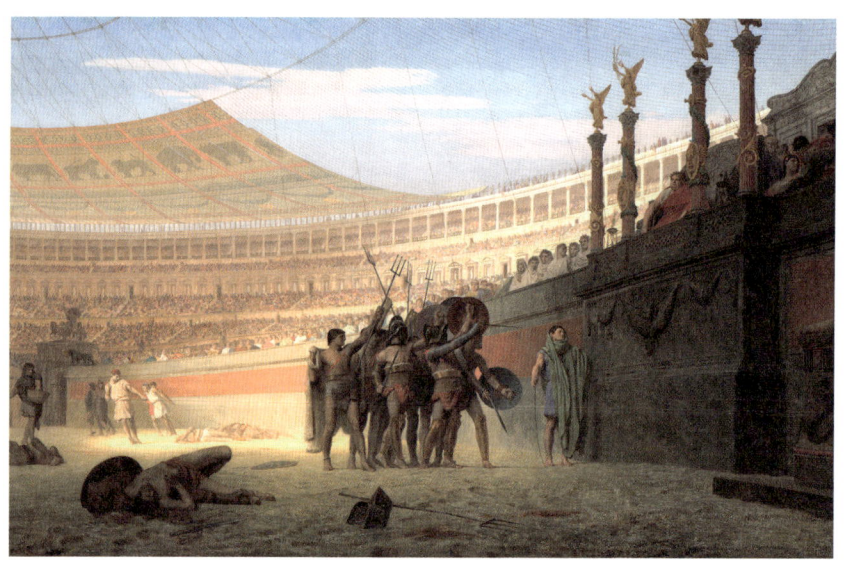

벨라리움이 묘사된 프랑스 화가 장레옹 제롬의 그림(1859년)

콜로세움에서 경기가 있을 때면 벨라리움이 설치되어 경기장의 3분의 2를 덮을 수 있었지. 그리고 공기의 흐름을 통해 내부에 바람이 드나들 수 있도록 차양을 경기장 중앙으로 기울여 설치했다니, 매우 과학적이지?

217년 어느 날 로마에 번개로 인한 큰 화재가 났고, 목재로 지어진 콜로세움 상층부가 모두 타 버렸어. 엉망이 된 콜로세움은 240년까지 방치되다가 250년이 되어서야 완전히 복구되었지. 443년에는 큰 지진이 일어나기도 했어. 물론 콜로세움도 크게 손상되었다가 복구되었지. 기록에 따르면 콜로세움에서는 523년까지도 동물 사냥과 같은 경기가 계속되었다고 해.

서로마제국이 멸망하고 유럽 전역으로 기독교가 퍼지자, 사람들은 이제 잔인한 결투나 동물 사냥을 즐기지 않았어. 6세기 후반에는 콜로세움의 한 귀퉁이에 작은 예배당이 지어지기도 했지. 또 800년에서 1349년 사이는 인근 수녀원 수사들의 공동 주택으로 임대되기도 했어. 현대 역사학자들이 콜로세움을 발굴했을 때, 주거 흔적이 나오면서 밝혀진 역사란다.

어때? 엄청난 규모만큼이나 볼거리와 이야깃거리가 많은 건축물이지?

> 알쓸 상식

콜로세움의 세 가지 기둥 양식

고대 서양 건축물을 보면 외관 모습이 다 비슷비슷해 보입니다. 하지만 다섯 가지 고대 건축 양식을 알면 어느 정도 구분할 수 있어요. 고대 건축 양식을 '오더(order, 질서)'라고 부르는데, 건축물의 질서를 유지한다는 의미지요. 그리스인들은 도리아식(Doric), 이오니아식(Ionic), 코린트식(Corinthian)의 세 가지 오더를 만들었는데, 여기에 로마인들이 도리아식을 더욱 단순하게 만든 토스카나식과 코린트식보다 더욱 장식적인 복합식까지 두 가지 오더를 추가했어요.

고대 건축물은 각 오더마다 고유한 엔태블러처가 있습니다. 엔태블러처는 기둥 위에 놓이는 수평 부분으로, 아키트레이브, 프리즈, 코니스로 이루어져 있어요. 그런데 복잡하기도 하고 멀리서는 자세히 보이지 않아서 구분하기가 조금 어렵죠. 가장 큰 차이점은 기둥과 기둥머리의 모양이에요. 특히 기둥머리의 생김새로 세 가지 양식을 금방 구분할 수 있어요.

코린트식

이오니아식

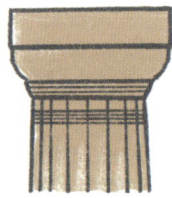
도리아식

콜로세움에는 각 층마다 세 가지 기둥 양식을 모두 사용했어요. 1층은 도리아식, 2층은 이오니아식, 3층은 코린트식으로 지었어요. 1층의 도리아식 기둥은 남성의 강인함과 견고함을, 2층의 이오니아식은 여성의 섬세함을 상징하지요. 이오니아식 기둥에는 마치 고사리처럼 말린 모양의 기둥머리가 있어요. 3층의 코린트식 기둥은 가장 가늘고 길며, 아칸서스라는 식물의 이파리 모양을 본떠 기둥머리를 장식한 것이 특징이에요. 2층과 3층 아치에는 원래 신화 속 인물들의 조각상이 세워져 있었다고 하는데, 지금은 비어 있어 화려했던 옛 모습을 상상할 뿐이지요.

3층 코린트식 기둥

2층 이오니아식 기둥

1층 도리아식 기둥

ARCHITECTURE 건축 007

위치 : 이탈리아 로마
설계 : 하드리아누스(Publius Aelius Hadrianus) 황제
완공 : 125년경

7
북적북적 신들이 모여 사는 집
판테온

"엄마, 저 입구에 있는 글은 뭐예요? 영어인가요?"
"라틴어란다. 누가, 언제 건축했는지 적어 둔 일종의 머릿돌이야.
'루시우스의 아들 마르쿠스 아그리파가 세 번째 집정관이었을 때
만들었다'라고 쓰여 있는 거야."
"아! 아그리파라는 사람이 지었군요."
"그런데, 지금 우리가 보고 있는 판테온은 아그리파가
건축한 것은 아니란다."

최초의 판테온은 기원전 27년에 아그리파(Marcus Vipsanius Agrippa, 기원전 63~기원전 12)에 의해서 T자 모양으로 지어졌단다. 그런데 서기 80년 로마 대화재로 건물 앞면만 조금 남고 불에 타 버렸어. 그 후 로마제국 열 번째 황제 도미티아누스가 그 자리에 다시 판테온을 지었지. 그러나 서기 110년에는 벼락을 맞아 화재가 났고, 이번에는 완전히 불에 타 버렸어. 지금의 판테온은 125년경 하드리아누스 황제가 세 번째로 건축한 거야.

많은 관광객이 찾는 로마의 명소, 판테온

미스터리한 건축물

로마제국 시기의 역사가이자 정치가였던 카시우스 디오(Lucius Cassius Dio, 165년경~235년경)는 그의 책 『로마사』에 이렇게 썼어.

"아그리파는 판테온이라 불리는 건물을 완공했다. 이 건물이 마르스와 베누스를 포함한 많은 신들의 조각상들로 장식되어 있기 때문에 이런 이름이 붙은 것으로 보인다."

그러니까 판테온은 아그리파가 건축했다는 거야. 서기 200년까지도 누가 판테온을 건축했는지 분명하지 않았어. 지금도 판테온은 베일에 싸여 있지. 어떻게 지어졌는지, 실제 건축물의 쓰임이 어땠는지도 알 수 없단다.

최초의 판테온이 지어진 정확한 시기는 알려지지 않았어. 그러나 대부분의 역사가들은 아우구스투스 황제(Caesar Augustus, 기원전 63~14, 로마제국 초대 황제)의 오른팔인 아그리파가 기원전 27년경에 세웠다고 추측한단다. 또 판테온이 지어진 위치는 로마의 건국자이자 초대 왕인 로물루스(Romulus, 늑대가 길렀다고 전해지는 쌍둥이 형제 중 한 명)가 하늘로 승천한 자리에 지어졌다고 하는 고대 로마 역사가 파비우스 픽토르(Quintus Fabius Pictor, 기원전 270년경~기원전 200년경)의 기록으로 전설처럼 전해지고 있어.

판테온(Pantheon)은 '모든(Pan) 신들(Theos)'을 의미하는 그리스어에서 왔어. 로마의 신전에는 신을 위한 조각상이 있지. 그렇다면 판테온에는 어떤 신들의 조각상이 있었을까? 이 역시 정확하게는 알 수 없어. 연구에 의하면 아그리파가 당시 가장 위엄 있는 귀족 가문 중 하나인 율리아 가문을 찬양할 목적으로 신전을 건축했고 그 안에는 수많은 신들의 조각상이 있었을 거라고 해. 그래서 건축물의 이름을 '판테온'으로 붙인 것이고! 다시 말해서, 판테온도 콜로세움처럼

신들의 조각상이 있는 서기 320년 판테온 내부 상상 그림

건축물에 붙여진 정식 명칭이라기보다는 별명에 가깝다는 말이지.

판테온은 역사의 긴 시간 속에서도 로마에서 가장 잘 보존된 고대 건축물 중 하나야. 그러나 안타깝게도 내부 조각상들은 그 시간을 버텨 내지 못했지. 그래서 지금은 판테온의 신상들을 볼 수 없지만, 연구자들이 복원하려고 계속해서 노력하고 있어. 언젠가는 온전한 모습의 판테온을 볼 수 있는 날이 오겠지?

신들이여, 모두 여기로 모이세요

이상한 점이 있어. 고대의 그리스·로마 신전은 '하나의 신에게 하나의 건축물을 바친다'가 일반적인 건축 방식이었어. 아테나 여신만을 위한 아테네의 파르테논 신전처럼 말이지. 물론 예외도 있었어. 로마의 마르스 울토르 신전은 조금 다르긴 해. 울토르 신전은 마르스 신과 베누스 여신, 그리고 신격화된 율리우스 카이사르에게 바쳐졌어. 마르스 신과 베누스 여신은 연인이고 또 베누스 여신은 율리우스 가문의 조상신이니까 결국 밀접한 관계에 있는 신들에게 바쳐진 것이지. 판테온처럼 여러 신들에게 동시에 바쳐지는 신전은 매우 독특한 경우야.

하드리아누스 황제에 대해 알아보면 판테온을 건축한 이유에 대해 답을 얻을 수 있을 거야. 하드리아누스는 황제로 있었던 기간의 절반을 로마제국 전역을 돌아다니느라 매우 바쁜 황제였고, 덕분에 다양한 문화에 마음이 열려 있는 황제이기도 했어.

그런데 황제는 왜 그렇게 돌아다녔을까? 선대 황제 트라야누스(Traianus, 53~117, 로마제국 13대 황제)가 전쟁으로 로마제국의 영토를 최대로 확장해 놓았기 때문에 관리해야 할 영토가 너무나 넓었기 때문이야. 얼마나 넓었냐고? 현재 유럽연합 회원국 대부분이 과거 로마제국 영토의 일부였지.

하드리아누스 황제의 통치 기간은 로마제국 역사에서 평화의 시기로 일컬어지는 팍스 로마나(Pax Romana), 즉 백성들이 평안한 시대였어. 그러나 그 풍요로움은 식민지를 지배하고 착취하여 이룬 것이기 때문에 국경 지대에서는 끊임없이 분쟁이 발생했지. 민심도 돌봐야 하고 분쟁도 막아야 하는 황제는 고심하지 않을 수 없었을 거야.

"언제까지 이런 식으로 온 나라를 돌아다닐 수는 없어. 다른 문화, 종교를 가진 여러 민족과 평화롭게 화합하며 지내려면 어떻게 해야 할까?"

로마제국의 안전과 평화 유지를 무엇보다도 중시했던 하드리아누스 황제는 사람들이 싸우지 않고 잘 지내기 위해서는 종교 문화를 폭넓게 수용해서 화합을 이루어야 한다고 생각했어.

"판테온이 불탄 지 벌써 7년이 지났다. 다마스쿠스의 아폴로도로스는 그 자리에 신전을 다시 건축하도록 하라."

판테온의 설계는 당시 유명한 그리스 건축가인 다마스쿠스의 아폴로도로스(Apollodorus of Damascus)가 맡았으나 황제와 의견이 맞지 않았다고 해. 기존 신전 건축과 달리 이민족의 신까지 포함한 모든 신에게 바쳐지는 신전을 반대한 것인지는 잘 모르지만, 황제와 논쟁을 벌이던 건축가는 결국 불행하게도 처형당했다는 슬픈 사연도 전해진단다.

고대 머리 장식인 모디우스를 착용한 세라피스의 대리석 흉상

건물 위에 동그란 뚜껑을 덮으면

로마 건축가들은 돔(dome)의 건축적 가치를 최초로 깨달은 사람들이었어. 그래서 신전, 온천, 궁전, 묘지뿐 아니라 중세 이후에는 교회까지 로마의 여러 유형의 건축물에 돔이 사용되었지. 이참에 돔에 대해 알아볼까?

돔은 공간을 덮은 원형의 구조물을 말해. 커다란 뚜껑 같은 거지. 돔이 있는 건축물을 볼 기회가 있으면, 잠시 고개를 들어 돔 천장을 올려다보도록 해. 돔을 얹을 때는 돔을 지지하는 벽이 필요한데, 사각의 벽에 원형의 돔을 그대로 얹기는 어려워. 그래서 중간에 벽을 다각형으로 변화시켜야 하고, 그 과정에서 모서리가 생겨. 모서리 형태에 따라 펜던티브 돔(pendentive dome) 또는 스퀸치 돔(Squinch dome)이라고 하지. 그런데 판테온처럼 벽면이 원형이면 모서리가 따로 필요 없는 매끈한 돔을 얹을 수 있어. 이런 걸 로툰다(rotunda)라고 해.

돔은 공간을 덮어 버리기 때문에 환기나 채광을 위한 장치가 꼭 필요해. 그래서 돔 위에는 환기나 채광을 위한 나무 구조물을 설치하는데 이것을 랜턴(lantern)이라 불러. 그런데 판테온은 랜턴 대신에 지름 약 9미터의 구멍을 뚫었어. 바로 판테온의 눈이라 불리는 오큘러스(oculos)야. 신전 안에 빛이 들어오는 유일한 곳이며, 신전과 하늘

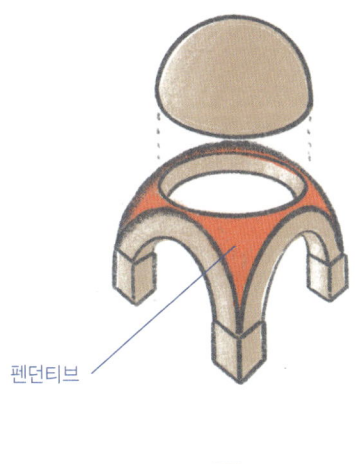
펜던티브

스페인 코르도바 대성당의 펜던티브 돔

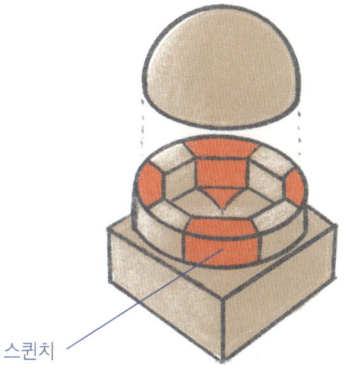
스퀸치

아르메니아 오드준 수도원의 스퀸치 돔

모서리가 없는 로툰다

판테온의 로툰다 돔

판테온 **109**

의 신들을 연결하는 통로이기도 하지. 직사광선이 떨어질 때면 마치 지붕이 있는 해시계처럼 보이기도 해.

오큘러스 때문에 비가 새는 것 아니냐고? 다행히 판테온이 있는 로마는 그렇게 큰비가 내리지 않는 곳이야. 부슬부슬 내리는 정도의 비는 안쪽의 더운 열기에 밀려 안으로 들어오지 못하지. 그리고 예상치 못한 큰비를 대비해 바닥에 경사를 두고 배수 시설을 만들었기 때문에 빗물을 밖으로 흘려보낼 수 있단다.

놀라운 것은 판테온의 돔이 다른 돔과 달리 단면상 완전한 구의 형태로 계획되었다는 거야. 고대에서 구는 우주, 곧 하늘에 있는 모든 신을 상징하는 거야.

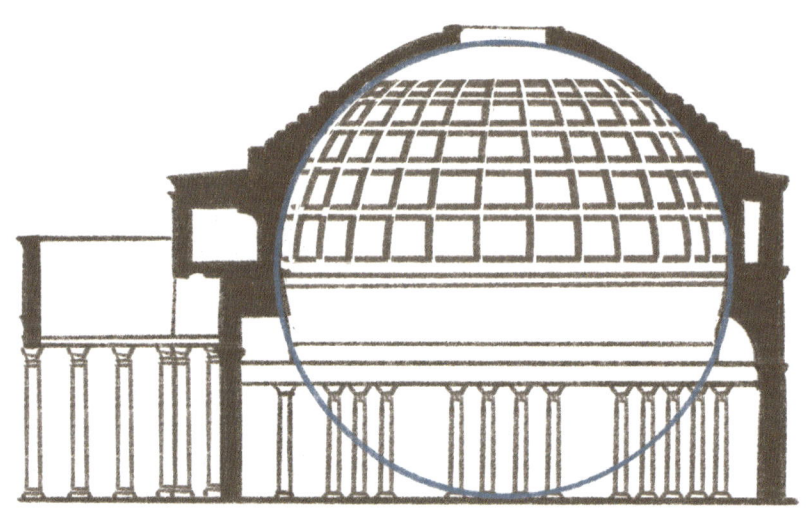

완전한 구를 이루는 판테온 내부 구조

앞에 소개한 역사가 카시우스 디오는 책에 이렇게도 썼지.

"그러나 나는 하늘을 닮은 건물의 둥근 천장 때문에 이런 이름이 붙은 것으로 본다……."

'판테온'이라는 이름이 이 돔에서 유래한 거라고 주장한 거지. 어느 정도 신빙성이 있는 주장이었어.

신들이여, 이제 그만 나가 주세요

판테온은 규칙적으로 간격을 둔 16개의 구역으로 구성되어 있어. 북쪽의 입구를 지나 시계 방향으로 신전처럼 꾸민 공간과 움푹 들어간 공간이 번갈아 나타나지. 돔 아래 2층처럼 보이는 부분에는 빙 둘러 14개의 막힌 창이 있어. 여기는 신들을 위한 조각상을 두

판테온의 실내를 묘사한 조반니 파올로 파니니의 그림(1734년)

17세기 말 두 개의 종탑이 세워졌던 판테온을 볼 수 있는 조반니 바티스타 팔다의 그림

기 위해 만든 것 같지만, 현재는 찾아볼 수가 없단다.

609년에 포카스(Flavius Phocas Augustus, 547~610) 황제는 판테온을 교황 보니파스 4세에게 주었고, 판테온은 산타 마리아 순교자 교회(Basilica of Santa Maria and Martyres)로 불리게 되었단다. 그 후 판테온에 두 개의 종탑을 추가했다가 다시 없애기도 하는 등의 변화를 겪었고, 내부의 조각상들은 모두 훼손되었지.

"이것은 인간의 디자인이 아니라 천사의 디자인이다."

1500년대 초 미켈란젤로(Michelangelo Buonarroti, 1475~1564)가 판테온을 보고 극찬한 말이야. 그때는 이미 판테온이 기독교 교회로 바뀐 지 1350년이 넘은 시점이었고, 많이 훼손된 상태였지. 미켈란젤로는 쉽게 감동하지 않는 비판적인 시각의 예술가였는데, 판테온이 그만큼 예술적 가치가 높았던 거야.

　　미켈란젤로가 판테온을 보고 감탄한 지 200년이 지났을 무렵인 1711년, 교황 클레멘스 11세는 판테온 앞 광장을 장식할 목적으로 헬리오폴리스의 태양신 라(Ra) 신전에서 가져온 람세스 2세의 오벨리스크를 분수대 위에 두었단다. 현재 판테온에는 두 명의 왕 무덤과 화가 라파엘로의 무덤도 있지. 이렇게 지금 우리가 볼 수 있는 판테온은 여러모로 변형된 모습이야. 하지만 미켈란젤로가 지금 다시 판테온을 본다고 해도 똑같은 찬사를 보내지 않을까?

알쓸 상식

위대한 로마 12신

로마인들은 도시에 전염병이 돌거나 전쟁에 패배하는 등 위기가 닥칠 때면 신들에게 제사를 지냈습니다. 로마제국 전역에 신전이 많이 세워진 것은 그 때문이죠. 로마의 신전은 그리스 신전의 영향을 받았으며, 건축물의 정면을 강조한 것이 특징입니다. 가장 유명한 로마의 12신에 대해 알아볼까요? 이름과 역할을 그리스 신들과 비교해 보세요.

유피테르(Jupiter): 모든 신의 왕. 천둥과 번개의 신

유노(Juno): 로마의 수호신으로 사랑과 결혼, 출산의 여신

넵투누스(Neptunus): 판테온에서 가장 중요한 신 중 하나이며, 바다의 신

미네르바(Minerva): 전쟁과 지혜, 의술, 상업, 기술, 음악의 여신

마르스(Mars): 유피테르와 유노의 아들로 전쟁과 농업의 신. 로마를 만든 로물루스와 레무스의 아버지로 추정되는 로마의 수호자

베누스(Venus): 아름다움, 사랑, 다산의 여신. 율리우스 가문의 조상신

포이부스(Phoebus): 태양과 예언, 의술, 궁술, 음악, 시를 주관하는 신

디아나(Diana): 야생 동물과 숲, 달을 관장하는 처녀 여신

불카누스(Vulcanus): 화산, 대장간(대장장이) 등을 포함한 불의 신

베스타(Vesta): 가정생활, 마음, 집안을 관장하는 타이탄의 여신

메르쿠리우스(Mercurius): 상업과 이익 추구, 교역의 신

케레스(Ceres): 곡물의 여신, 시칠리아의 수호신

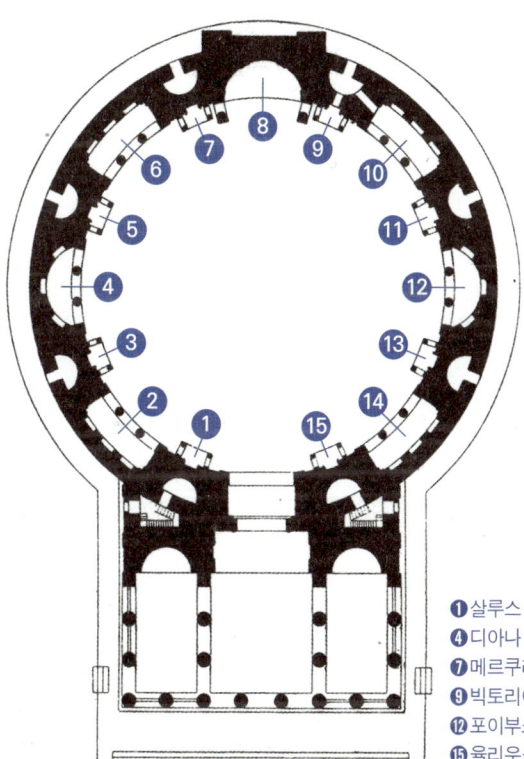

① 살루스 ② 유피테르 ③ 펠리시타스
④ 디아나 ⑤ 케레스 ⑥ 유노 레기나
⑦ 메르쿠리우스 ⑧ 마르스, 베누스
⑨ 빅토리아 ⑩ 넵투누스 ⑪ 포르투나
⑫ 포이부스 ⑬ 네메시스 ⑭ 미네르바
⑮ 율리우스 신

복원 중인 판테온 내부의 신상 위치

반짝이는 콘크리트 조개껍데기
시드니 국립 오페라 하우스

"엄마, 저 건물은 어디선가 본 적이 있어요. 오페라 하우스 맞죠?"
"맞아, 정말 유명한 건물이야. 독특한 외관 덕분에 누구나 바로 알아보지."
"사진으로 보면서도 너무 신기했어요. 알 껍질 같기도 하고,
돛단배 같기도 해요. 지붕을 왜 저렇게 만든 거예요?"
"거기에는 길고 긴 사연이 있단다. 이제부터 들려줄게."

오스트레일리아는 1956년 멜버른올림픽을 성공적으로 치르며 전 세계의 주목을 받았어. 오스트레일리아 정부는 세계적인 관심을 더 유지하고 싶었지. 고민 끝에 내놓은 아이디어가 1957년 시드니 국립 오페라 하우스 국제 건축 공모전이었어.

예상한 대로 국제적인 관심이 대단했고, 200개가 넘는 아이디어가 도착했어. 그리고 당시에는 잘 알려지지 않은 덴마크의 젊은 건축가 예른 웃손(Jørn Oberg Utzon, 1918~2008)의 작품이 최종 선정되었어. 몇 단계 심사 과정에서 웃손의 작품은 이미 탈락했는데, 마지막 단계의 심사를 맡았던 핀란드계 미국 건축가 에로 사리넨(Eero Saarinen, 1910~1961)이 최종 심사에 오른 작품 중 마음에 드는 작품이 없다며 웃손의 작품을 발견하고 선정한 거지.

2007년에 유네스코 세계 문화유산으로 지정되었으며, 20세기의 가장 상징적인 건축물 중 하나로 여겨지는 시드니 오페라 하우스는 이렇게 세상에 알려질 준비를 하고 있었어.

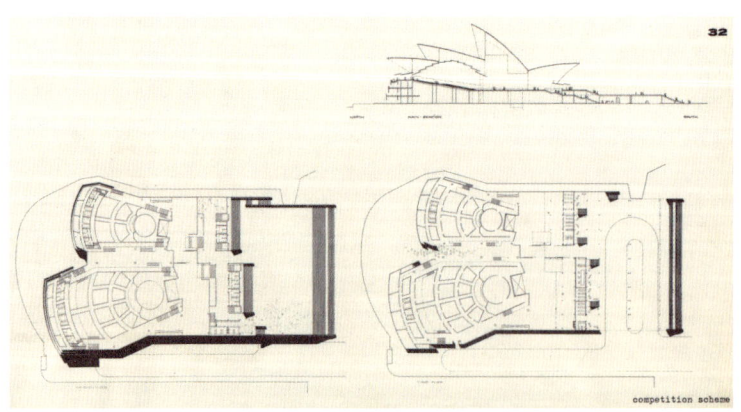

웃손이 그린 시드니 오페라 하우스 설계도

지붕의 설계도를 완성하라!

1957년 설계안이 결정되고 오페라 하우스가 문을 연 것은 1973년이니, 건축하는 데 무려 16년이나 걸린 셈이야. 건축물을 짓는 데 이렇게나 긴 시간이 필요하냐고? 오페라 하우스는 여러 용도가 복합된 문화 시설이고, 건축 규모가 좀 크긴 해. 하지만 그런 점을 감안하더라도 건축 기간이 꽤 긴 편이지.

가장 큰 이유는 바로 독특한 지붕 모양 때문이었어. 건축가 웃손은 그것 때문에 꽤나 맘고생을 했지. 책임 건축가 자리에서 쫓겨나다시피 물러났을 뿐 아니라, 건축물 완공을 보지도 못한 채 고국인 덴마크로 돌아가야 했으니까. 심지어 오페라 하우스가 완성되던 날 초대도 받지 못했다니까! 도대체 무슨 일이 있었던 걸까?

오페라 하우스의 설계안이 공개되었을 때 몇몇 유명한 건축가들은 거부감을 드러내기도 했어. 디자인에 대한 의견은 다양할 수 있으니까. 그러나 진짜 문제는 기술자들의 우려였어.

"고작 몇 센티미터 두께의 얇은 철근 콘크리트로 어떻게 건물을 안전하게 짓겠다는 거야?"

"저렇게 다양하고 자유로운 형태의 곡선을 가진 건축물을 어떻게 짓는담!"

시공 가능성과 안전이 달렸으니 무시할 수 없는 의견이었지.

공모전에 제출하는 도면은 건축 공사를 위한 설계도면은 아니야. 보통 건축가들의 아이디어를 개념적으로 표현한 거지. 물론 건축가들이 상상력 하나로 건물을 막 그려 내는 건 아니지만, 웃손이 디자인한 곡면 형태는 당시의 기술로는 해결하기 힘들었어. 지금처럼 컴퓨터를 이용한 설계 기술이 없었기 때문에 더 그랬지.

웃손은 자연에서 영감을 받은 추상적인 스케치를 하고, 그걸 바탕으로 오페라 하우스의 지붕을 디자인했어. 하지만 웃손 자신도 공사를 위한 설계도면은 내놓을 수가 없었던 거야.

오페라 하우스 건축을 주관하는 위원회는 경험이 많지 않은 젊은 건축가의 설계를 시공하기 어려울 거라 예상했어. 그래서 웃손과 함께 설계에 참여할 영국의 유명한 구조 기술자 오베 아룹(Sir Ove Arup, 1896~1988)을 임명했지. 그러나 기하학적 원리나 규칙이 없는 자유분방한 형태의 지붕에 대한 구조 계산은 경험이 풍부한 전문가일지라도 어려운 문제였어.

"구조 계산을 위해 당신을 임명했는데, 왜 아직 답이 없는 거죠?"

"이렇게 지붕 모양이 특정되지 않은 상태에서 구조 계산을 할 수는 없어요. 원? 타원? 포물선? 우선 지붕의 기하학적 형태를 제시해 주세요."

결국 웃손은 자신이 표현한 자유로운 형태의 지붕을 실현시키기 위해 그 원리를 찾아야만 했지.

자몽을 먹다가 만들어 낸 건축

웃손이 지붕에 관해 고민하고 있던 1957년 10월 4일, 농구공만 한 크기의 인공위성 스푸트니크 1호가 소련에서 발사되었어. 타원형의 지구 궤도로 발사한 세계 최초의 인공위성이었지. 스푸트니크 발사 광경에 매료된 웃손은 아룹에게 연락하여, 인공위성이 발사되어 우주로 가는 궤적을 지붕의 형태로 삼고 싶다고 말했어. 의견을 나눈 두 사람은 1958년, 포물선 형태의 지붕을 가진 오페라 하우스 설계 초안을 발표했어.

그러나 문제는 여기서 끝나지 않았어. 오페라 하우스 지붕의 포물선이 저마다 다른 형태를 가지고 있어서 구조 계산이 복잡하고 어려웠을 뿐 아니라 안전에도 문제가 있어서 설계안을 몇 번이나 바꾸어야 했지.

세계 최초의 인공위성 스푸트니크 1호의 궤적을 나타낸 기념 우표

"벌써 몇 번째 수정인지 아십니까? 웃손 선생, 지붕 때문에 이 모든 문제를 겪고 있잖아요. 지붕의 형태를 단순하게 변경해야 합니다. 안 그러면 건축 비용이 막대하게 발생합니다."

"나는 시간과 비용이 얼마든 상관하지 않습니다."

그러나 위원회의 생각은 웃손과 달랐단다.

시공 시간과 경제적인 면을 고려하지 않을 수 없었지. 위원회가 일을 진행하는 방식에 웃손은 매우 화가 났어. 일생일대의 건축 프로젝트가 실패로 끝날 운명에 처했으니까.

　웃손은 설계나 시공이 쉬우면서도 다양한 크기와 모양을 지닌 지붕 형태를 찾아야만 했어. 그러던 어느 날, 심사위원이었던 에로 사리넨은 웃손과 식사를 하다가 자몽 껍질을 펼쳐 보이며 말했어.

　"내가 흥미로운 것 하나 보여 줄까요? 이게 바로 내가 최근에 설계한 항공사 터미널 지붕이라오. 셸(껍질) 구조라고 할까?"

셸 구조에 영감을 준 자몽

　자몽 껍질을 보며 영감을 받은 웃손은 그 길로 공장으로 달려갔어. 그리고 오페라 하

에로 사리넨이 설계한 트랜스 월드 항공사(TWA) 터미널. 지금은 호텔로 쓰이고 있다.

우스 지붕 모형에서 여러 개의 지붕 조각을 하나씩 겹쳐 보았지. 마치 러시아 전통 인형 마트료시카처럼 꼭 맞았어.

"그래 이거였어! 포물선이 아니라 껍질이었어. 반지름이 동일한 구의 표면에서 지붕 형태를 따 오면 시공하기도 편리하고 경제적이겠어. 구조 계산은 한 번만 하면 돼."

웃손이 찾아낸 것은 반지름이 74미터인 공 모양의 입체도형, 즉 구의 표면에서 오려 낸 지붕 모양이었어. 이와 같은 원리를 구면 기하학(spherical geometry)이라고 해. 웃손은 아룹에게 연락하여 자신의 개념을 설명하고 모형을 제작했지. 아룹은 웃손의 생각을 받아들였어.

능선과 뼈대가 생기다

 이렇게 해피엔딩이었으면 좋았을 텐데, 이번엔 바닷바람이 말썽이었어. 오페라 하우스는 시드니 항구를 정면으로 향하고 있어 바람의 영향을 많이 받을 수밖에 없어. 그래서 오스트레일리아 정부는 1961년 모형 실험을 통해 바닷바람에 따른 건축물 안전을 확인하기로 했지. 그에 따라 건축가 예른 웃손은 다시 한번 디자인을 변경해야만 했어.

 1965년 오페라 하우스의 지붕은 현재와 같은 모습으로 최종 변경돼. 둥근 포물선은 V자 모양으로 접어야 했고, 매끄러운 표면 대신 규칙적인 콘크리트 조각으로 나뉜 표면으로 만들어야 했지. 미리 제작한 콘크리트 패널을 조립하는 식으로 지붕을 만든 거야. 이렇게 구조물을 미리 만드는 걸 프리캐스트라고 해. 따라서 오페라 하우스의 지붕 구조는 일반적으로 셸 구조라고 부르지만, 엄밀하게 말하면 '프

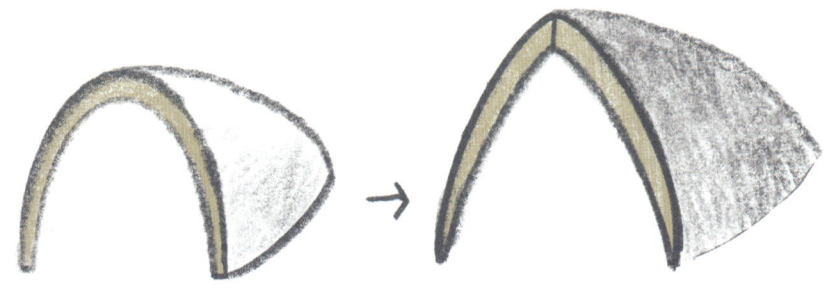

안전 문제로 V자 모양을 갖게 된 지붕

리캐스트 콘크리트' 구조라고 할 수 있어.

"처음 설계한 것과 형태가 너무 다르지 않습니까?"

"이렇게 변경한 걸 웃손의 작품이라고 할 수 있나요?"

최종 설계가 발표되자 지붕 구조가 웃손의 초기 설계안과는 아무 관련성이 없다는 비판이 쏟아졌고, 급기야 오페라 하우스 건축 자체에 대한 회의적인 여론이 형

오페라 하우스의 완공을 보지 못하고 떠난 예른 웃손

성되기 시작했어. 분위기가 이렇게 흘러가자 웃손은 1965년 2월 28일 위원회에 사직서를 보냈고, 며칠 후 오스트레일리아를 떠나 버렸지. 이후의 공사는 오스트레일리아 건축가 피터 홀(Peter Brian Hall, 1931~1995)이 이어받아 완성하게 돼.

마야 건축에서 영감을 받은 기단

지금까지 온통 지붕 얘기만 했네! 건축 과정에서 가장 논쟁이 많았고, 또 외부 모습에서 가장 강렬한 인상을 주는 게 지붕이기도 하니까. 그런데 정작 건축가 웃손은 건물 아랫부분부터 오페라 하우스의 디자인을 시작했다고 해.

바닥을 평평하게 다져 올린 것처럼 생긴 오페라 하우스의 길고 넓은 하단은 마치 지붕을 단단히 떠받치기 위해서 존재한다는 듯 자신을 드러내지 않고 우직하게 서 있어. 마치 건축물이 두 부분으로 나뉜 것 같은 착각도 들지만, 내부 공간은 하나로 연결되어 있단다.

이런 디자인은 웃손이 멕시코를 여행할 때 마음을 빼앗긴 마야 건축 양식 중 하나인 '기단'에서 비롯된 거야. 웃손은 기단을 응용하기 위해 중국과 일본의 건축도 함께 연구했다고 하니, 결국 오페라 하우스에는 마야 문명과 동서양의 건축 요소가 접목되어 있는 거지.

그런데 웃손은 마야 건축의 어떤 부분에 매력을 느낀 걸까? 마야

멕시코 와하카에 있는 마야 유적지, 몬테 알반 사원

인들은 숲속 깊숙한 곳에 신전을 지었어. 신전을 땅 위에 그대로 지으면 나무 높이에 가려져 신(하늘)에 가까이 갈 수 없다고 생각했나 봐. 그래서 마야의 많은 신전들은 100미터 높이의 기단 위에 지어졌어. 높은 기단을 오르면 발아래로 정글 숲이 펼쳐져서 지평선을 이루기 때문에 마치 하늘에 떠 있는 독립된 행성 같은 느낌을 받는다고 해. 어두운 정글 숲에서 태양 빛을 맞이하는 공간, 그리고 주변에 아무것도 없이 오롯이 홀로 우뚝 서 있는 기단을 발견한 웃손은 기단의 상징적인 기능에 깊은 영감을 받았지.

웃손은 기단이 사람들이 사는 공간과 신들이 있는 땅을 구분하는 역할을 담당한다고 생각했어. 그리고 현대 도시나 건축물에도 이러한 층 단위의 공간적 구분이 필요하다고 생각했지. 예를 들어, 사람들이 안전하게 다닐 수 있는 길을 도로와 구분하는 것처럼, 경치를 감상하거나 쉬는 공간과 분주하게 움직임이 일어나는 공간을 구분할 필요가 있을 때 기단이 중요한 기능을 한다는 거지.

이런 핵심 아이디어가 결정되자 기단 위의 건축은 일반적인 사각형 건물로는 디자인할 수 없었지. 그렇게 하면 기단의 평탄함이 잘 드러나지 않을 테니까. 오페라 하우스의 지붕이 그토록 개성 있게 지어진 배경이 여기에 있어.

> 알쓸 상식

자연에서 배우는 건축, 생체 모방

건축가들은 '좋은 건축'을 위해 힘씁니다. 그런데 무엇이 좋은 건축일까요? 종합 예술로 일컬어지는 건축에서 좋은 건축을 정의하기란 쉬운 일이 아닙니다. 로마 건축가 비트루비우스(Marcus Vitruvius Pollio, 기원전 80년경~기원전 15년경)는 인류 최초의 건축 이론서 『건축 10서』에서 "충분한 내구성이 있고 편리한 기능과 아름다운 외관"이 필수적이라고 했습니다. 그러므로 건축가는 "그

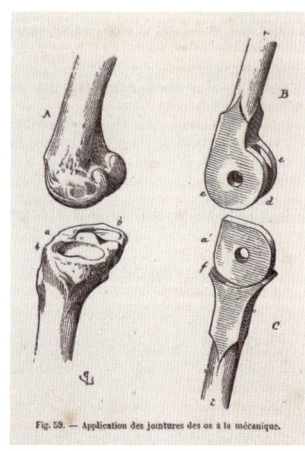

뼈 구조를 모방하여 철 연결 부속을 구상한 프랑스 건축가 외젠 비올레르뒤크의 스케치

철 연결 부속이 쓰인 건물 그림

림과 글, 기하학, 수학, 물리학, 철학, 역사, 음악, 의학, 법학, 천문학"에 대한 소양을 갖추어야 한다고 했지요. 건축가의 어깨가 무겁겠지요?

'이 모든 것을 공부해야 좋은 건축물을 만들 수 있다니, 언제까지 공부만 할 수는 없는 일이고 뭐 좋은 방법이 없을까?'

이렇게 생각한 건축가들은 구조, 기능, 아름다움에 완벽함을 갖춘 자연에 눈을 돌려 영감을 받기로 합니다. 이것을 '생체 모방(biomimetics)'이라고 합니다. 예를 들어 인체의 뼈 연결 구조를 모방하여 철 구조의 연결 방법을 디자인하는 것이죠.

생체 모방으로 완성한 셸 구조 건축도 있습니다. 독일의 건축공학 기술자인 프란츠 디싱거(Franz Dischinger, 1887~1953)는 표면으로 힘이 고루 분산되어 깨지지 않는 계란 껍질에서 영감을 받아 천체 투영관을 설계했습니다.

독일 예나의 자이스 천체 투영관 초기 모습

위치 : 대한민국 서울
설계 : 박자청
완공 : 1412년

자연과 우주의 섭리를 품은 건축
경회루

"우주를 닮은 건축물을 보러 간다더니, 여기는 궁궐이잖아요! 저는 우주 비행선을 닮은 건축물이나, 과학관 같은 곳에 가는 줄 알았어요."
"주형이가 좀 실망한 모양이네? 엄마는 저기 저 경회루를 보면 우주와 자연의 섭리가 보이는데!"
"우주와 자연의 섭리라고요?"

예나 지금이나 사람들은 신비로운 우주에 호기심을 가지고 있지. 과학이 발달한 오늘날에는 여러 가지 기술과 장치를 이용해 우주를 관찰하지만, 옛날에 우주의 모습은 사람들의 상상을 통해서만 전달되었단다.

　옛날 사람들은 신이 우주를 창조했다고 믿었어. 신이 무질서를 가져오는 괴물과 싸워 우주의 질서를 가져온다고 생각했지. 그래서 우주 창조가 그려진 옛이야기에는 혼돈의 괴물이 자주 등장하는데, 동물과 인간의 모습을 동시에 가진 경우가 많아.

　지역마다 조금씩 다르게 상상했지만, 공통적으로 우주는 둥글고, 그 위에 신이 산다고 믿었어. 그래서 건축물도 신이 살고 있는 우주의 모습을 닮고 싶어 했지. 우리나라에도 우주를 닮은 건축물이 있는데, 바로 경복궁 안의 경회루야.

인도 사람들이 생각한 우주 모습이야.

경회루를 크게 고쳐 짓도록 하라

"선왕께서 세우신 누각이 이렇게 낡고 기울어져 가는 것을 보니 내 마음이 아프구나. 공조판서는 하루빨리 수리하라."

명령을 내린 사람은 태종이었어. 당시 태종은 아버지 태조가 지은 경복궁이 아닌 창덕궁에 머물며 나라를 다스리고 있었어. 건축물은 사용하지 않으면 낡아서 무너지기 쉬운 상태가 되거든. 경복궁에 들렀다가 너무 낡아 초라해진 누각을 본 태종은 경복궁을 방치했던 게 마음에 걸렸던 모양이야. 곧바로 공조판서를 불러 수리를 명하였지. 공조판서는 지금의 국토교통부 장관과 같은 직위야.

경회루는 태조 3년(1394년) 경복궁을 지을 당시에는 서쪽 습지에 지은 작은 누각(서루西樓)이었어. 1412년 태종은 경복궁을 수리하면서 누각이 낡아 기울어지고 너무 좁아 실제로 이용하기에 어렵다고 생각하고 공조판서 박자청에게 크게 고쳐 짓도록 한 거야. 태종은 공사 과정에서 필요한 인력을 늘려 주기도 하고, 인부들에게 큰 포상까지 했단다. 이에 보답이라도 하듯 박자청은 밤낮으로 공사에 몰두했고 8개월 만에 경회루를 다시 지었어.

돌기둥에 새겨진 용은 어디로?

국보인 경회루는 우리나라에서 단일 건축물로는 가장 큰 누각 건축물이야. 경회루(慶會樓)라는 이름에서 알 수 있듯이, 나라에 경사(慶)가 있거나 외국 사신이 왔을 때 연회(會)를 베풀고 임금과 신하들의 경사스러운 모임을 열었던 곳이지.

성종(재위 1469~1494) 임금 때 류큐 왕국(지금의 일본 오키나와현에 있던 나라) 사신이 경회루를 보고 이런 말을 했대.

"나는 조선에서 굉장한 것을 보았습니다. 경회루 돌기둥에 새겨진 날아오르는 용의 그림자가 연못의 푸른 물결과 붉은 연꽃 사이에 보였다 안 보였다 하는 것은 대단했습니다."

이 기록을 보면 경회루 돌기둥에 용이 조각되어 있었다는 사실을 알 수 있어.

경회루 연못에서 출토된 용 조각상(국립고궁박물관)

세월이 흐르자 박자청이 크게 고쳐 지은 경회루는 점점 낡아 무너질 지경이 되었어. 성종은 경회루를 수리하기로 했고, 이번엔 화려함을 더하기로 했어. 그래서 돌기둥에는 꽃과 용을 새겨 넣었지.

성종 시대의 화려했던 경회루의 모습은 중종 반정 이후 모두 철거하여 박자청이 지은 원래의 모습으로 돌아갔어. 게다가 임진왜란 때는 경회루가 모두 불에 타 버려서 돌기둥만 남게 되었고, 지금의 모습은 한참 세월이 흐른 고종 4년(1867년)에 다시 고쳐 지은 거란다.

상상해 봐. 정말 근사했을 거야. 이른 아침 연못에는 물안개가 피어올라. 경회루의 돌기둥을 감싸고 있는 용은 마치 연못에서 승천하려는 듯 보였을 것이고, 해가 떠 안개가 걷히면 연못의 물이 일렁일 때마다 용들이 마치 물속에 들어갔다 나오는 듯했을 거야. 아쉽게도 지금은 하늘로 솟아오르는 멋진 용의 모습은 볼 수 없어.

돌고 도는 계절이 한눈에 보인다고?

1865년에 나온 『경회루전도』라는 책에는 경회루 공간 구성의 의미를 알 수 있는 글과 그림이 있어. 이 책에는 일종의 건축물 평면도 같은 〈경회루36궁지도〉라는 그림이 있단다.

우선 연못을 포함한 전체 모양을 살펴보면, 연못의 모양은 둥글고 경회루는 네모 모양이야. 우리 조상들은 천원지방(天圓地方)이라 하여 하늘은 둥글고 땅은 네모졌다고 생각했지.

또 경회루 건축물은 마치 러시아 인형 마트료시카처럼 공간이 겹겹으로 싸여 있어. 공간은 크게 3겹인데, 여기서 3은 하늘과 땅과 사람을 의미해.

또 경회루 바깥쪽에는 24개의 돌기둥이 있는데 이것은 24절기를 의미해. 그리고 그 안쪽에는 16개의 기둥이 12칸을 만드는데, 이것은 열두 달을 상징하지. 제일 안쪽 공간은 '중궁'이라고 하고 임금님

가장 바깥쪽에는 16개의 네모진 돌기둥이, 그리고 그 안쪽에는 16개의 둥근 돌기둥이 있다.

만 들어갈 수 있으며, 무한한 우주를 상징해.

그런데 기둥들의 배치가 원을 그리듯 돌아가고 있어. 봄-여름-가을-겨울처럼 계절이 변화하여 다시 돌아오고, 그 과정에서 식물들이 새싹을 틔우고 열매를 맺고 다시 씨앗을 퍼트리는 순환을 계속하는 이치와 같지. 이러한 변화가 곧 생명의 창조 과정이라는 것을 나타내고 그 변화의 질서를 건축물에 표현하고자 한 거야.

자, 이제 경회루에서 우주가 보이니?

경회루에는 어처구니가 있다!

　잡상은 궁궐 지붕의 여러 장식물 중 추녀마루 위에 있는 장식물을 말해요. 대당사부, 손행자, 저팔계, 사화상, 마화상, 삼살보살, 이구룡, 천산갑, 이귀박, 나토두 등으로 구성된 조각상이에요.

　잡상은 언제부터, 왜 설치했을까요? 중국 당나라 때 태종은 꿈에 기와를 던지는 귀신이 자꾸 나타나서 괴로웠대요. 그래서 궁궐 지붕 위에 무관들을 세워 귀신들을 물리쳐야겠다고 생각했지요. 삼장법사와 손오공, 저팔계, 사오정 등의 일행이 부처의 가르침으로 잡신을 물리치고 궁을 지키게 하려고 만든 게 바로 잡상의 시작이에요.

　잡상의 개수는 9개, 7개, 5개 등 홀수인데, 이것은 음양오행에서 홀수가

경회루 잡상

양(陽)을 의미하기 때문입니다. 중국에는 황제가 머무는 건물엔 11개, 세자의 경우는 9개, 그 외에는 7개로 정해져 있지만, 우리나라는 특별히 이러한 규칙을 따르지는 않아요. 경복궁 근정전에는 9개가 있지만, 경회루에는 11개가 놓여 있습니다.

어처구니없다는 말을 들어 본 적 있나요? 당황스럽고 어이없는 상황에 쓰는 표현이지요. 그런데 우리 전통 건축물에는 어처구니가 있답니다! 잡상을 어처구니라고도 부르거든요. '어처구니'라는 말의 유래를 정확히 알 수는 없어요. 어떤 사람들은 한자어 요철공(凹凸孔)이 요철구녕으로 변하고 다시 어처구니로 됐다고 해요. 또 옛날 궁궐에 기와를 얹던 사람들이 잡상을 올려놓는 것을 가끔 잊곤 했는데, 이것을 보고 '어처구니없다'고 했다는 이야기도 전해져요.

10
왕실의 조상을 모시는 집
종묘

"엄마, 이 건물이 종묘의 정전이죠? 와, 정말 기네요! 근데 왜 이렇게 길게 지었을까요?"
"종묘는 조선 왕조의 왕과 왕비를 모신 사당이야. 왕이 승하할 때마다 사당을 옆으로 증축하다 보니 이렇게 길어진 거지."
"단순하게 옆으로 긴 모양 때문인지, 신성하고 엄숙한 느낌이 들어요."
"맞아. 조선의 왕과 신하들은 이곳을 아주 특별하고 중요하게 생각했어."

조선 시대 세종 임금 때 도읍 한성(한양)에서 큰 화재가 일어났어. 많은 백성이 목숨을 잃고 2천여 채의 집이 잿더미로 변했지. 그때 소헌왕후(1395~1446, 조선 세종의 왕비)는 가장 먼저 종묘를 지키라고 명령했어. 또 임진왜란이나 병자호란 때도 가장 먼저 챙긴 것이 종묘에 모셔진 신위였다고 해. 조선 왕실이 무엇보다 중요하게 여긴 종묘는 어떤 곳일까? 또 종묘를 그토록 중요시한 까닭은 무엇일까?

우리나라는 충과 효를 중심으로 하는 유교 사상에 따라 예(禮)를 중시했고, 그중에서도 국가의 제사와 관련된 의례인 길례(吉禮)를 가장 중요하게 여겼어. 종묘와 사직의 제사는 길례 가운데서도 으뜸 의례였지. '종사(宗祀)' 곧 종묘와 사직은 국가 성립의 기본이기도 하며 나아가 국가 그 자체를 의미하기도 하는 말이었어.

종묘 입구와 그 뒤쪽으로 보이는 정전 지붕

조상님, 나라를 살펴 주세요

"전하, 이 나라 종묘사직을 바로 세우셔야 하옵니다!"

"전하 종사를 돌보셔야 하옵니다."

사극에서 신하들이 임금에게 이런 말을 하는 걸 들어 봤니? 종묘와 사직은 그 자체로 '나라' 또는 '국가가 행사하는 권력(주권과 통치권)'을 상징해. 그러니까 '종묘사직이 위태롭다'거나 '종묘사직을 바로 세워야 한다'는 말은 '나라가 위태롭다' 또는 '나라를 올바르게 통치해야 한다'는 뜻이지.

종묘에서는 계절이 바뀔 때마다 제사를 지냈어. 왕비를 뽑거나 세자를 결정하는 등 왕실의 중요한 일이 생겨도 종묘에 가서 조상신에게 알리고 좋은 일이 계속되기를 기원했어. 또 왕실 사람에게 큰 병이 나거나 나쁜 일이 생겨도 종묘를 찾았어. 조상신의 도움으로 어려움을 해결할 수 있다고 믿었거든.

오랜 세월 동안 이어진 이러한 제사 문화는 세계적으로도 인정을 받아, 1995년에 종묘는 유네스코 세계 문화유산에 등재되었지. 그런데 사직은 많이 훼손되어 유산 등재는 못 되고 대문만 우리나라 보물로 관리되고 있단다.

조선을 건국한 태조 이성계는 수도를 개성에서 한양으로 옮긴 다음 해인 1395년에 종묘와 함께 사직을 건설했어. 궁을 중심으로 조

사직단 대문(왼쪽)과 땅을 돋우어 만든 국사단, 국직단(오른쪽)

상의 묘는 왼쪽(동쪽)에, 토지의 신과 곡식의 신께 제사를 올리는 사직단은 오른쪽(서쪽)에 배치했지. 이것이 당시 도성을 배치하는 원리로, '좌묘우사' 또는 '좌조우사'라고 불렀어.

자, 이제 사직으로 가 보자. 여기가 입구야. 그런데 현판을 보면, '사직단'이라고 쓰여 있지?

사직이란 토지의 신(사社)과 곡식의 신(직稷)을 의미해. 땅을 돋우어 단을 만들어 이 두 신들을 모셨지. 그래서 사직 '단'이라고 부르는 거야. 또 이 두 개의 단은 국사단(또는 대사단)과 국직단(또는 대직단)이라 불렀어. 사직단은 도성뿐 아니라 각 지방 군현에도 지어졌기 때문에 도성의 사직단은 위계를 높여 '국' 또는 '대'를 붙여 부른 거야.

왕들이 제사를 지내는 규칙

사람들이 죽으면 어떻게 될까? 사람마다 생각이 다르고 또 종교마다 다를 거야. 그런데 우리 조상들은 사람이 죽으면 '혼(魂)'은 하늘로 올라가고 '백(魄)'은 땅에 남는다고 믿었대. 또 땅에 남은 '백'은 사람들처럼 음식을 먹기도 하고 잠도 잔다고 생각해서 돌아가신 분들에게 유교적인 예를 다해야 한다고 여겼지. 그래서 조상신이 머무는 집을 짓기도 했는데, 그 집을 '사당'이라고 했어.

사당은 왕실의 조상신을 모신 집과 일반 평민의 조상을 모신 집의 이름을 달리 불렀어. 평민(양반)들의 사당은 가묘, 군주(임금)의 사당은 종묘라고 불렀지.

조상신은 살아 있는 사람들처럼 실체가 없기 때문에 신(영혼)이 머물 수 있는 상징적 물체를 사당 안에 모셔 두는데, 그것을 신위라고 해. 신위는 신주, 위패(죽은 사람의 이름을 적은 나무판), 지방(종이로 만든 위패) 등의 유형이 있어. 또 신주를 넣은 작은 항아리를 '신줏단지'라 하지. 무엇인가를 몹시 귀하게 여겨 조심스럽고 정성스럽게 다루는 모양을 가리켜서 '신줏단지 모시듯 한다'고 하는데, 그 말은 여기서 나온 거야.

시간이 흐르면 제사를 지내야 하는 조상은 계속 늘어 갈 거야. 그러면 사당 안의 공간이 부족해질 것이고, 후손들은 날마다 제사를 지

죽은 사람의 혼을 모시는 신주(왼쪽)와 위패(오른쪽)

내야겠지. 그래서 나라에서는 규칙을 정했어. 양반들은 규칙을 따라 자신을 기준으로 4대(부모님, 조부모님, 증조부모님, 고조부모님)의 신주를 사당에 봉안하고 제사를 지내고, 그 윗대 조상의 신주는 무덤 앞에 묻는 풍습을 지켰지.

왕실은 5대까지 제사를 모셨어. 그래서 처음 정전을 만들 때는 신위를 모셔 두는 신실을 5칸으로 만들었어. 정전에는 태조의 4대조인 목조·익조·도조·환조를 왕으로 추존하고 그들의 왕비 신위와 함께 모셨어. 추존이란 왕위에 오르지 못하고 죽은 자에게 왕의 칭호를 붙이는 것을 말해.

그러다가 세종대왕이 왕위에 오른 다음 해인 1419년에 정종이 세상을 떠나자 신하들 사이에 논란이 시작되었어. 정전은 이미 태조와

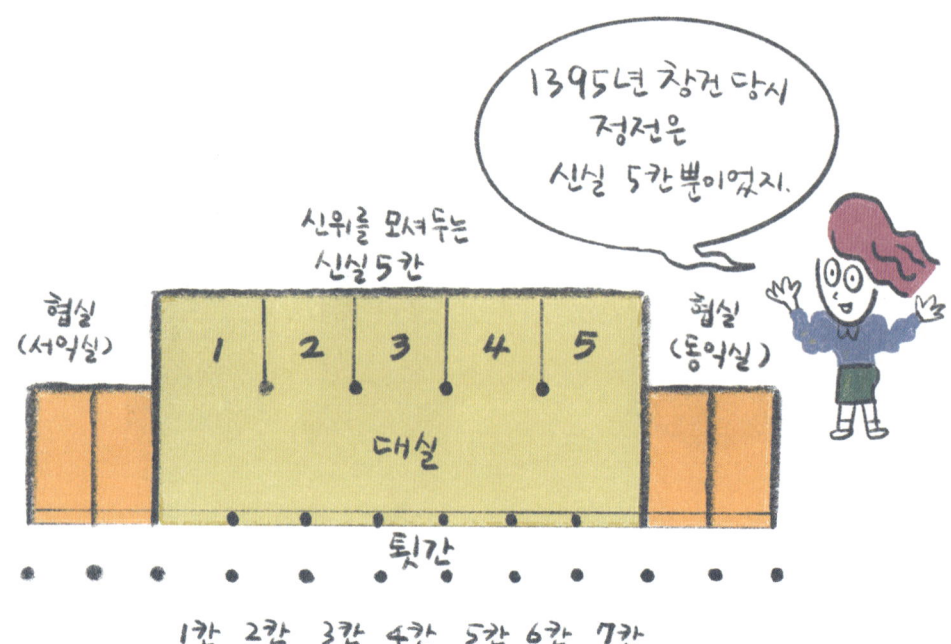

태조의 4대조의 신위로 꽉 차 있었으니까.

"정종대왕은 마땅히 정전에 모셔져야 하오."

"그러려면 목조대왕의 신위를 옮겨야 하는데, 태조대왕 곁에서 너무 멀리 옮기지 않을 묘안이 없겠소?"

논의 끝에 별도의 사당을 짓고, 예법에 따라 제사를 지낼 차례가 지난 왕들의 위패를 옮기기로 했어. 1421년 별도의 사당은 정전의 서쪽에 정전보다 조금 규모가 작게 지었어. 이름은 영녕전이라 하였는데, '영녕(永寧)'은 '조상과 자손이 함께 길이 평안하라'는 의미야.

종묘가 정전과 영녕전으로 구분되어 있는 이유를 이제 알겠지?

영녕전

　그런데 종묘에는 왕실의 조상신만 모셔진 것은 아니란다. 정전 남문으로 들어가면 좌, 우측에 각각 칠사당과 공신당이 있어. '칠사'는 궁중의 법도, 출입, 음식, 거처, 도성의 문, 상벌, 도로 통행을 관장하는 일곱 신을 의미해. 칠사당은 이들 신에게 제사를 지내는 곳이지. 공신당은 조선 왕조에 공로가 컸던 83명의 신하들을 모셔 둔 사당으로, 배향당이라고도 불러. 처음에는 5칸으로 지어졌으나 정전에 모셔지는 왕들이 늘어나자 공신의 숫자도 늘어나 현재의 16칸 모습으로 증축되었어.

흉내 낼 수 없는 강엄한 아름다움

정전은 세계에 남아 있는 사당 중 가장 긴 목조 건축물이야. 정전에 모셔지는 왕의 수는 예법으로 정해 놓았는데, 왜 정전이 지금처럼 길어진 걸까? 세상에는 예외 없는 법칙은 없다지? '불천지위'라고 불리는 특별한 신위가 있기 때문이야.

영녕전의 신위 봉안

특별한 공덕을 인정받은 왕의 신위는 제사 지내는 5대가 지난 후에도 영녕전으로 옮기지 않고 정전에 영구히 모셨는데, 이걸 불천지위 또는 불천위라고 했어. 왕이 승하하면 신하들은 선왕의 공덕을 치하하며 불천지위로 모셔야 한다는 상소를 올리곤 했어. 결국 조선 왕조 대부분의 왕들이 불천지위로 정전에 머물게 되었단다.

1592년 임진왜란 때 경복궁에 큰불이 났어. 그때 종묘도 함께 모

정전의 신위 봉안

두 불타 버려 1608년 광해군이 즉위하던 해에 다시 건축되었어. 이후 1726년(영조 2년)에 동쪽으로 4칸, 1826년(헌종 2년)에는 동쪽으로 4칸을 늘려 현재와 같은 19칸이 되었지.

정전에는 태조로부터 순종에 이르기까지 49위의 왕과 왕비의 신주가 19실에 봉안되어 있고, 영녕전에는 추존 4대 왕과 왕비를 비롯하여 33위의 신주가 16실에 봉안되어 있단다.

정전의 길이는 100미터가 넘는데, 그 안에 신위를 모신 방들이 주르르 이어져 있어. 곁에서 보면 문과 처마가 똑같이 반복돼서 단순해

종묘에 정문 앞에 있는 우리나라 최초의 하마비

보이지만, 가까이 가서 보면 일정하지 않은 기둥 간격, 기와가 만들어 내는 곡선, 일부러 어긋나게 한 문짝의 크기까지 하나하나 정성스럽게 계산된 아름다움이 숨어 있지.

기둥은 붉은색 단청만 입혔고, 지붕은 단순하면서 긴 수평선을 이루고 있어. 이런 절제된 모양은 조선 시대 사람들이 중요하게 생각했던 가치랑 닿아 있어. 꾸밈보다는 조화를, 화려함보다는 차분함을 더 귀하게 여겼거든. 종묘는 웅장하기보다 조용하고 낮은 모습으로 사람들을 천천히 맞이해. 그래서 더 고요하고 깊은 느낌이 들어.

월트 디즈니 콘서트홀을 설계한 건축가 프랑크 게리도 종묘를 보고 감탄했대. "단조롭고 정교한 공간이 나란히 이어지는 모습에서 무한의 우주가 느껴진다. 이같이 장엄한 공간은 세계 어느 곳에서도 찾기 힘들다"고 말이야. 정말 그런 것 같아. 겉으로는 화려하지 않지만, 그 단순함 덕분에 오히려 마음을 잔잔하게 흔드는 건축물이야.

조선 왕조 500년의 역사만큼이나 긴 건물에는 선왕에 대한 효심과 신하들의 충심이 깃들어 있어. 그 마음은 종묘 정문 앞에 있는 하마비(下馬碑)에서도 느껴져. 하마비 앞을 지날 때는 임금일지라도 말에서 내려 걸어가야 했대. 또 그러한 마음이 선조들에게 닿아 나라와 백성을 살펴 주기를 간절히 바랐을 거야.

알쓸 상식

성과 곽, 궁과 궐

과거에는 한 나라의 수도를 도성이라고 불렀습니다. '도성'은 나라의 정치, 경제, 문화, 교육의 중심지라는 의미도 되지만 건축적으로는 중심지를 감싸는 성벽을 의미하기도 합니다. 도성을 만들 때는 성곽을 쌓고 그 안쪽에 궁궐을 짓습니다.

성곽은 성(왕이 머무는 궁성)을 구성하는 건축 구조의 일부로, 성 안의 건축물을 지키기 위해 쌓은 벽(담장)을 뜻하며, 임금님이 머무는 내성(內城)과 백성을 보호하기 위한 외성(外城)으로 이루어집니다.

내성에는 임금과 그의 가족 및 왕족의 생활을 돌보는 사람들이 사는 집을 일컫는 궁이 있었고, 그 주위를 살피기 위해 성벽 출입문 좌우에 망루를 2개 설치했는데 이것을 '궐'이라 불렀습니다. 경복궁에도 서십자각과 동십

경복궁의 궐, 동십자각

자각, 두 개의 궐이 있었으나 일제 강점기에 전차 통행에 방해가 된다는 이유로 서십자각은 헐리고 현재는 동십자각만 남아 있습니다.

　일반적으로 임금님이 살던 집을 궁궐이라 부르지만 건축적으로 궁궐은 '궁'과 '궐'의 합성어입니다. 즉, 왕이 사는 집으로서의 궁과 궁을 지키는 망루가 합쳐진 말입니다.

　"대감, 곧 통행이 금지되는 초경(오후 7~9시)입니다. 이 야심한 시간에 출타를 하십니까?"

　"부인, 궁에서 급히 들어오라는 전갈이 왔소, 내 궐에 다녀오리다."

　궁과 궐은 건축적으로도 차이가 있지만 그 상징적인 의미도 다릅니다. '궁'이 임금을 상징한다면, 궁을 지키는 충직한 군사들이 머무르며 임금님을 지키는 망루로서 '궐'은 신하와 백성을 상징합니다. 그래서 신하가 왕을 섬겨 공무를 수행할 때는 궁에 간다는 표현이 아닌, 궐에 간다는 표현을 더 많이 사용했다고 해유.

사진 출처

20쪽 포도밭 ⓒ Taxiarchos228
https://commons.wikimedia.org/wiki/File:Aerial_View_-_Landschaft_Markgr%C3%A4flerland1.jpg

46쪽 퐁피두 센터 ⓒ FOTO:FORTEPAN
https://commons.wikimedia.org/wiki/File:Pompidou_k%C3%B6zpont._Fortepan_100647.jpg

58쪽 쿤스트하우스 그라츠 ⓒ Marion Schneider & Christoph Aistleitner
https://commons.wikimedia.org/wiki/File:Graz_Kunsthaus_vom_Schlossberg_20061126.jpg

60쪽 그라츠 ⓒ Mfield
https://commons.wikimedia.org/wiki/File:Graz_Austria_pano_from_Schlossberg.jpg

65쪽 쿤스트하우스 그라츠 ⓒ Flavio Vallenari
https://en.wikiarquitectura.com/building/kunsthaus-de-graz/kunsthaus-graz-at-night-austria-2

69쪽 피터 쿡 ⓒ Peter Lindberg
https://www.flickr.com/photos/plindberg/2212371499

72쪽 성 가족 대성당 ⓒ kallerna
https://commons.wikimedia.org/wiki/File:Sagrada_Familia_Barcelona_3.jpg

75쪽(왼쪽) 산타 카사 성당 ⓒ Mroselli
https://commons.wikimedia.org/wiki/File:Basilica_Pontificia_della_Santa_Casa_di_Loreto.jpg

83쪽 카사 밀라 ⓒ Veronika Bashak
https://commons.wikimedia.org/wiki/File:Casa_Mila,_Barcelona.jpg

93쪽 팔미라 원형극장 ⓒ Jerzy Strzelecki
https://commons.wikimedia.org/wiki/File:Palmyra_theater02(js).jpg

102쪽 판테온 ⓒ Rabax63
https://commons.wikimedia.org/wiki/File:Pantheon_Rom_1_cropped.jpg

111쪽 코르도바 대성당 돔 내부 ⓒ kallerna
https://commons.wikimedia.org/wiki/File:Mezquita-catedral_de_C%C3%B3rdoba_interior_19.jpg

111쪽 오드준 수도원 돔 내부 ⓒ Rita Willaert
https://commons.wikimedia.org/wiki/File:Odzun_cupola.jpg

111쪽 판테온 돔 내부 ⓒ Mohammad Reza Domiri Ganji
https://commons.wikimedia.org/wiki/File:Rome-Pantheon.jpg

118쪽 시드니 오페라 하우스 ⓒ Dietmar Rabich / CC BY-SA 4.0
https://commons.wikimedia.org/wiki/File:Sydney_(AU),_Opera_House_--_2019_--_2152.jpg

120쪽 설계도 ⓒ Museums of History NSW
https://commons.wikimedia.org/wiki/File:Competition_scheme_(Sydney_Opera_House)_(5454627504).jpg

123쪽 예른 웃손 그림 ⓒ Museums of History NSW
https://commons.wikimedia.org/wiki/File:Sydney_Opera_House_-_J%C3%B8rn_Utzon_drawings_(5247755534).jpg

125쪽 트랜스 월드 항공사 터미널 ⓒ Roland Arhelger
https://en.wikipedia.org/wiki/File:Ehemaliges_TWA-Terminal_am_John_F._Kennedy_International_Airport_in_New_York.JPG

128쪽 시드니 오페라 하우스 ⓒ Thomas Schoch
https://commons.wikimedia.org/wiki/File:Sydney_Opera_House_Australia.jpg

130쪽 몬테 알반 사원 ⓒ LBM1948
https://commons.wikimedia.org/wiki/File:Oaxaca_de_Ju%C3%A1rez,_Monte_Alb%C3%A1n_18.jpg

134쪽 경회루 ⓒ Frank Schulenburg / CC BY-SA 4.0
https://commons.wikimedia.org/wiki/File:Gyeonghoeru_(Royal_Banquet_Hall)_at_Gyeongbokgung_Palace,_Seoul.jpg

국립고궁박물관 제공
138쪽 경회루 출토 용 조각상 | 153쪽 신주

국가유산청 제공
146쪽 종묘 정전 | 150쪽 사직단 대문, 국사단과 국직단 | 155쪽 영녕전 | 158쪽 종묘 하마비

국립중앙박물관 제공
153쪽 위패

작가 제공 ⓒ 이재인
18쪽 월트 디즈니 콘서트홀 | 24쪽 댄싱 피시, 올림픽 피시 | 34쪽 구겐하임 미술관 내부 | 37쪽 로비 하우스
39쪽 구겐하임 미술관 부분 2건 | 40쪽 구겐하임 미술관 외부, 내부 | 42쪽 구겐하임 미술관 부분 | 43쪽 구겐하임 미술관 부분
45쪽 흐로닝언 미술관, 쿤스트하우스 브레겐츠 | 51쪽 퐁피두 센터 부분 | 52쪽 퐁피두 센터 내부 | 54쪽 퐁피두 센터 외부
55쪽 퐁피두 센터 내부 | 62쪽 쿤스트하우스 그라츠 내부 | 63쪽 쿤스트하우스 그라츠 내부 | 67쪽 아이제네스 하우스
75쪽(오른쪽) 교회 | 79쪽 성 가족 대성당 외부, 내부 | 81쪽 성 가족 대상당 벽면 2건 | 104쪽 판테온 | 141쪽 경회루 | 148쪽 종묘
156쪽 영녕전 | 157쪽 정전